MARKE
TRIX
마케트릭스

MARKE TRIX

마케트릭스

매출을 급상승시키는 시장 분석과 마케팅 전략

양승재 지음

나비의 활주로

시장 분석에 대한 구체적인 방법이 제시되고 마케팅 통찰력이 높아진다

● 시장 분석이라고 하면 어디서부터 시작해야 하는지, 어떤 지표를 활용해야 하는지, 어떤 방법으로 분석을 진행해야 하는지에 대해서 고민이 생기기 마련입니다.

특히, 시장성과 수익성을 분석하는 접근 방법에 대해서 많은 고민이 있었는데 《마케트릭스, 매출을 급상승시키는 시장 분석과 마케팅 전략》을 통해 어렵게 느껴지는 부분들이 기초부터 접근 방법까지 모두 해소가 되었습니다! 그중에서 플로차트 작성을 통해 포인트를 잡아가는 과정이 가장 인상 깊었고 우리의 시장을 명확히 이해하는 데 큰 도움이 되었습니다. 시장조사를 하면서 검색을 많이 해 봤는데 왜 차트로 만들 생각은 못했을까요.

책에서 배운 내용을 바로 현재 회사에서 진행하고 있는 프로젝트에 대입해 본 결과 실제로 소기의 성과가 나왔습니다. 이제는 이 방법을 회사의 여러 분야에 적용하고 TF팀을 만들어 전사적으로 확대할 계획을 하고 있습니다.

새로운 사업이나 제품을 준비하는 사람뿐만 아니라 현재 비즈니스를 운영하고 있는 사람들에게도 강력히 추천합니다.

용성남 대표, 소싱플랫폼 전문기업 ㈜캐스팅엔

● 마케팅 컨설팅 또는 마케팅 대행사는 시작과 성장이 비슷합니다. 그렇기 때문에 대부분의 마케팅 전략이 유사한 부분이 많은 게 업계의 현실이고, 새로운 방법을 제안하고 개발하기 어려운 영역이기도 합니다.

저는 시장 분석 및 핵심 포인트를 찾는 남다른 통찰력을 지닌 저자와 그동안 함께 여러 프로젝트를 진행했고 성공을 맛보았습니다. 이번에 그 노하우를 책을 통해서 공개한다고 하니 선한 영향력을 실천하는 모습에 힘찬 응원을 보냅니다.

마케팅을 하는 사람이라면, 많은 부분 공부와 실행을 통해서 노하우를 쌓는 노력도 필요하지만 자신의 시야를 넓히는 통찰력 개발도 필요한 부분입니다. 분명 이 책이 여러분의 통찰력을 깨워 주는 귀한 계기가 될 것이라 확신합니다.

남들과 다른 마케터로 성장하길 원하고 사업의 인사이트가 필요한 분들께 이 책을 권합니다.

설유석 대표, 마케팅리더스 그룹 ㈜에이블컴

시장을 정확히 분석하고
성공 포인트를 이끌어 내는 방법

"당신이 생각하는 마케팅이란 무엇입니까?"

라는 질문을 현업에 있는 마케터 또는 향후 마케팅 관련 업무를 하고 싶어 하는 신입사원에게 참 많이 했던 것으로 기억합니다. 그러면 다음과 같은 대답들이 나옵니다. "비용을 적게 써서 큰 효과를 내는 것입니다!" "사람들이 좋아요. 또는 SNS로 공유할 만한 재밌는 콘텐츠를 잘 만들어서 SNS에 광고하고, 자연스럽게 바이럴(입소문)을 일으키는 것이라 생각합니다."

그런데 좋은 제품, 정확히 말하면 소비자가 원하는 제품을 적재적소에 노출하는 게 마케팅의 본질일 터인데 왜 그런 대답은 없이 항상 '콘텐츠, 비용' 얘기만 할까요? 그것이 교과서적인 얘기라서일까요?

시간이 많이 흘러, 많은 사람이 마케팅에 대해서 정확히 답하지 못한 이유가 바로 제품, 고객 조사 등 본질에 대한 기초적인 방법을 배우지 못한 탓이었음을 깨달았습니다. 쉽게 설명하면 시장조사를 할 줄 알아야 타깃을 정하고 제품을 기획할 수 있는데, 어떤 회사, 어떤 교육기관에서도 그러한 방법을 가르쳐주지 않았기 때문이고,

대신에 기술적인 부분 또는 예시 위주의 추상적인 내용만 전달해 주었기 때문입니다. 제가 글을 쓰고 있는 이 시간에도 '디지털 마케팅' '퍼포먼스 마케팅' 등 기술적이고 우리에게 익숙한 공식, 기술 위주의 내용만 잔뜩 가르치고 있습니다.

《마케트릭스, 매출을 급상승시키는 시장 분석과 마케팅 전략》은 저자가 대기업에서 배운 마케팅 기법과 실제 사업을 하면서 적용하고 습득해 온 노하우를 집약해서 알려 주고자 합니다. 첫 단추를 잘 꿰어야 합니다. 자칫하다가는 처음부터 다시 해야 하기 때문이죠. 그러나 처음을 잘하면 좋은 결과를 기대할 수 있습니다. 이 책은 말 그대로 마케터를 위한 기본 지침서, 마케팅 바이블입니다.

"인간의 내면에도 알고리즘이 있다. 이를 활용하라."

많은 사람이 내 서비스와 제품을 알리기 위해 심리적인 부분과 기술적인 부분 등 다양한 분야에서 다양한 방식으로 마케팅을 공부하고 연구합니다. 예전에는 프로그램 기획자가 알고리즘을 촘촘히 기획해서 결과값을 보여 줬으나 최근에는 AI 기술이 발달해 수많은 데이터를 기반으로 스스로 예측하면서 점점 사람과 비슷해지거나 더 좋은 성과를 내기도 합니다. 그렇다면 기계와 비교해 인간이 가진 장점은 과연 무엇일까요?

컴퓨터 프로그래밍이 0과 1, 두 숫자의 이진법으로 설계되어 있다면 사람의 몸은 하나님이 X, Y 두 개의 염색체로 프로그래밍을 해 놓았습니다.

X와 Y로 프로그래밍 된 사람은, 심리라는 알고리즘이 작동하여 무의식적으로 행동하고 결정하는 데 많은 영향을 끼칩니다. 그래서 인간인 우리 마케터는 어떤 현상 이면에 관심을 가져야 할 필요성이 있습니다. 이런 부분은 아직까지 기계가 대처하기 어려운 부분입니다.

당신은 A라는 제품을 구매하려고 가격비교 사이트를 접속했습니다. 한 판매자가 A제품을 1만 원에, 하루에 100개씩 판매하는 것을 알게 되었고, 우연히도 주변에 A제품을 유통하는 지인이 있어서 꼼꼼히 유통구조를 물어보고 계산해 보니, 나는 9천 원에 판매할 수 있는 상황입니다.

보통 이런 경우, 내가 1천원 더 저렴하게 제공하므로 '하루에 100개 이상은 팔겠구나!'라고 생각하고 쉽게 사업에 뛰어듭니다. 그리고 인터넷상에서 A제품을 다시 검색하면 제일 먼저 1만 원짜리 판매자의 제품이 뜨고 그 바로 밑에 당신이 등록한 9천 원짜리 제품(앞 판매자가 파는 것과 같은 제품)이 보입니다. 그런데 이상하게도 당신의 제품은 판매가 잘 안 되고 1만 원짜리 제품이 더 많이 팔립니다. 이런 현상을 어떻게 설명할 수 있을까요?

당신은 상품평, 평균 배송일, 제품 설명, 만족도 등 여러 가지 고려 요소 중 유일하게 가격만 고려했기 때문입니다. 제일 상위에 있는 판매자는 판매도 많이 되고 그에 따른 만족도도 가지고 있습니다. 즉, '이 판매자에게서 A라는 제품을 사면 하자 없는 제품이 오고 혹시 문제가 있더라도 잘 처리해 줄 것이다.'라고 기대할 수 있습니다. 구매건수가 이를 증명합니다.

그런데 당신의 제품은 10%나 저렴하지만 그뿐입니다. 상품평도 적습니다. 소비자는 '혹시나 다른 제품이 오거나 배송에 문제가 생기면 제대로 처리 받을 수 있을까?'라는 걱정이 앞섭니다. 심하게는 '10%나 싼 이유가 분명 있을 거야.'라며 뭔가 의심할 수도 있습니다. 하지만 정작 판매자는 안 팔리는 이유를 몰라 맘고생을 하기 시작합니다. 이렇듯 우리가 의식하든 의식하지 않든 하나님이 창조한 인간이 가진 알고리즘이 우리 속에서 스스로 작동합니다.

이 책을 통해 시간을 활용한 놀라운 마케팅 비결도 소개할 예정입니다. 《마케트릭스, 매출을 급상승시키는 시장 분석과 마케팅 전략》을 완독하는 순간, 당신은 시장을 분석하고 내 제품, 서비스의 경쟁력을 끄집어내서 멋지게 기획함과 동시에 사람의 심리적인 부분까지 녹여 담아낸 광고 콘텐츠를 만들 수 있을 것입니다.

이제 《마케트릭스, 매출을 급상승시키는 시장 분석과 마케팅 전략》, 곧 훌륭한 마케터로 성장할 수 있는 안내서이자 마케팅의 바이블로 여행을 떠날 준비가 되었습니까?

작고하신 이어령 교수님께서 하신 말씀이 있습니다. "위기에 빠지지 않는 사람이 되세요. 위기는 기회라고들 하잖아요. 그런데 정말 창조적인 건 위기에 빠지지 않는 겁니다."

위기에 빠지지 않는 마케터가 되기 위해 첫 단추를 잘 뀁시다.

CONTENTS

PART 1

마케팅이란 무엇일까?

PART 2

마케팅의 삼위일체 법칙

PART 5

바이럴 마케팅

PART 6

구매율을 높이는 핵심 전략

PART 1

마케팅이란 무엇일까?

마케팅이란 사업을 정의하고 컨셉을 맞추는 작업

당신은 마케팅을 어떻게 정의Define하나요? 우리 사회는 어려서부터 주입식 교육에 익숙하다 보니 자신의 생각이나 의견보다는 통용되는 용어나 정의 또는 소위 정답이라는 것을 말하려는 경향이 있습니다. 이제는 정말 본질을 찾아야 하고 우리의 뇌를 원래의 상태, 즉 백지 상태로 리셋reset해야 합니다. 우리 한번 머리를 시원하게 초기화해 봅시다!

많은 사람이 마케팅을 이렇게 생각합니다. 즉, "사람들이 좋아하거나 공유할 만한 콘텐츠를 만들어서 네이버 블로그 또는 인스타그램의 인플루언서를 통해 노출하거나 광고하는 것 또는 재밌는 콘텐츠를 단순히 SNS에 노출하는 것"이라고 말입니다.

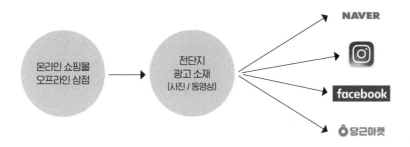

그래서 타깃을 물으면 20~30대 여성에 SNS로 설정을 하면 된다고 방법론적인 답변을 합니다. 순서가 잘못되었다는 생각이 들지 않나요?

마케팅은 사업을 정의하는 것

다음 그림을 잘 보시기 바랍니다. "첫 단추를 잘 꿰어야 한다."라는 속담처럼 시작을 잘해야 나중에 문제가 없습니다.

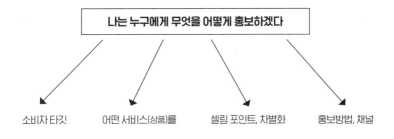

내가 '누구에게 어떠한 서비스 또는 상품을 제안하겠다.'라는 정의가 되어 있고 확신이 있어야 소비자에게 제품을 어필할 수 있고

그때야 비로소 소비자도 움직이는 법입니다. 그렇다면 내 사업을 정의했다면 그다음에 할 일은 무엇일까요?

마케팅은 사업을 정의하고 컨셉을 맞추는 작업

뒤에서 마케팅의 삼위일체Trinity에 대해 자세히 설명하겠지만, 우선 간단히 언급하면 내 사업을 정의하고 그 정의가 사업 곳곳에 녹아 있을 때 해당 타깃이 반응합니다.

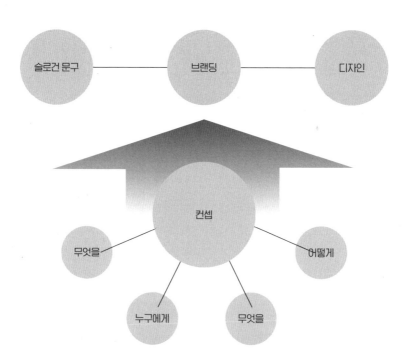

마케트릭스MARKETRIX ○

안전의 대명사 볼보

　'볼보' 자동차 하면 무엇이 떠오릅니까? 바로 안전일 것입니다. 무엇보다도 안전을 추구하는 소비자는 아마도 운전 경력이 많고 연령대가 어느 정도 높아서 안전에 대한 경각심이 있는 소비자겠지요. 나아가 '안전해야 한다.'라는 생각을 언제 갖게 될까요? 바로 가족이 함께 있을 때가 아닐까요? 그렇다면 연령이 40대 이상에 가족이 있는 가장이 볼보 자동차의 주 타깃이 될 것입니다.

　광고는 타깃에 맞게 감성을 건드리는 것에서 시작합니다. 예를 들면 다음과 같은 사진이 있습니다. 슬로건도 해당 타깃에 맞습니다.

출처 Volvo Cars in United States

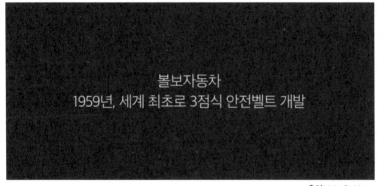

출처 VolvoCarKorea

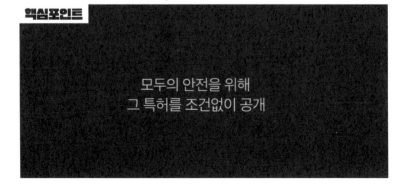

"Life is Better Lived Together (함께 사는 인생이 더 좋다)."

다른 브랜드들이 다운사이징, 연비 효율 극대화 등 퍼포먼스에 집중하는 동안, 볼보는 안전에 집중 투자합니다. 또한 다른 가치관으로 접근하는 소비자에게 이렇게 답합니다.

"차가 비쌉니까? 사고로 인해 다쳐서 발생하는 '병원 입원, 치료비' 보다 저렴합니다."

단순히 안전하다고 주장만 하면 고객이 반응할까요? 모든 것을 안전에 초점을 맞춰 서비스하고, 마케팅을 기획해야 합니다. 예를 들면 볼보는, 서비스 센터에 차량 수리 접수를 할 때 '엔진 이상'의 경우 우선적으로 예약을 잡아 주는 서비스 정책을 폅니다. 그만큼 볼보에게 안전은 가장 중요한 우선 가치인 것입니다.

PART 1   마케팅이란 무엇일까?

- ☑ 마케팅은 마케팅 소재, 방법을 결정하는 작업이 아니라 내 제품 및 서비스를 정의하는 것에서 시작해야 한다.
- ☑ 소비자에게 우리는 '무엇이다.'라고 정의할 수 있어야 한다.
- ☑ 한 문장으로 정의가 가능할 때 마케팅, 광고 소재 개발이 쉬워지며 광고 효과도 배가 된다.

PART 2

마케팅의 삼위일체 법칙

타깃, 브랜딩, 제품(서비스)이 일치했을 때 충성도가 생긴다

마케팅은 내 사업을 정의하는 것이라고 했습니다. 사업에 대한 정의를 내리고 타깃을 정했으면 다음 세 가지를 꼭 통일시켜야 합니다. 이를 마케팅의 삼위일체 법칙이라고 일컫도록 하겠습니다.

마케팅의 삼위일체란?

마케팅을 하려면 먼저 시장 분석을 하게 됩니다. (시장 분석은 다음 장에서 설명하겠습니다.) 시장을 분석하면 새로운 시장이 보이고 자신의 서비스(또는 상품의) 핵심 세일즈 포인트를 발견할 수 있습니다.

Right Customer, Right Product, Right Branding

내 제품이 특정 소비자가 원하는 기능이나 컨셉을 가지고 있으며, 이를 한 마디로 쉽게 연상 또는 기억하도록 브랜딩을 하는 것이 마케팅의 삼위일체 법칙입니다. 마케팅의 삼위일체가 중요한 이유는, 이 세 가지가 같은 목소리를 내야 마케팅 비용이 절약되고 향후 사업이 쉽게 확장될 수 있기 때문입니다. 마케팅에서 흔히 말하는 충성도Loyalty는 그냥 생기는 것이 아니라 서비스나 제품이 소비자가 원하는 것일 때 생깁니다.

예를 들면 매트리스 브랜드 중에 2019년에 런칭한 '고릴라 매트리스'가 있습니다. 매트리스 시장을 분석한 결과, 소비자는 숙면을 취하기 위해서 또는 허리가 아파서 매트리스를 교체한다는 사실을 알게 됩니다.

매트리스 구매 목적

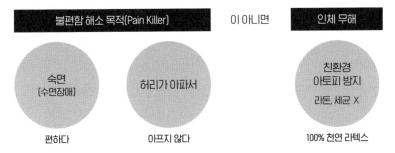

불편함 해소 목적(Pain Killer)		이 아니면	인체 무해
숙면 (수면장애)	허리가 아파서		친환경 아토피 방지 라돈, 세균 X
편하다	아프지 않다		100% 천연 라텍스

그리고 추가적인 정량 분석을 통해 디스크 환자가 불면증 환자보다 4배 많다는 사실도 알게 됩니다.

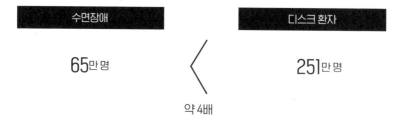

수면장애	디스크 환자
65만 명	251만 명

약 4배

그래서 허리 통증을 줄이기 위한 특수 소재를 개발해서 매트리스에 적용하고 이른바 '허리 아픈 사람들을 위한 매트리스'를 런칭합니다. 그렇다면 일단 '소비자 – 제품'은 일치시켰고, '브랜딩'이 남았습니다.

광고는 한 사람에게 세 번 정도 노출되어야 유효 노출로 인지된다고 합니다. 브랜딩이 이 유효 노출을 효과적으로 만들어 주는 지름길입니다. '아, 저번에 봤던 그 제품 이름이 뭐였더라?' 제품 이름이 도무지 생각나지 않아 애를 먹은 경험이 없나요? 소비자가 이렇게 고민하게 된 것은, 삼위일체의 법칙에서 타깃, 제품 특성에 맞는 브랜딩에서 문제가 발생했기 때문입니다.

그렇다면 어떻게 해야 효과적인 브랜딩을 할 수 있을까요? 방법은 다음과 같습니다.

첫째, 타깃과 특성에 맞는 단어를 나열합니다.

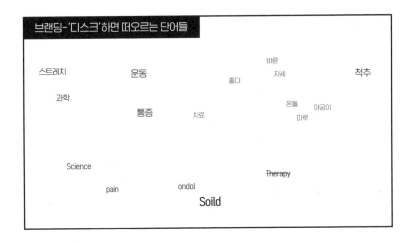

둘째, 그 특성을 요약해서 정리합니다.

셋째, 요약을 바탕으로 슬로건을 만듭니다.

강하지만! 편안하다!

당신의 허리를 위한 매트리스

넷째, 이 슬로건을 쉽게 연상시킬 수 있는 브랜드를 만듭니다.

매우 강하지만
따뜻하고 포근한 느낌이 드는
그 무엇!

바른자세, 바른척추를
상징하면서 부드러운 그 무엇!

마케트릭스MARKETRIX ○

별것 아닌 것 같지만 '허리를 위한 매트리스 - 고릴라 매트리스'를 런칭하자 시장에 큰 변화가 일어납니다. 업계 종사자들조차 생각지 못했던 잠재 고객들이 열광하기 시작한 것입니다. 그동안 침대는 잠을 자기 위한 상품이라는 고정관념이 있었는데, 그 누구도 시장조사를 하거나 시도조차 해 보려 하지 않았기 때문입니다.

만약 허리를 위한 매트리스 컨셉을 잡으면서 브랜드를 그냥 멋있어 보이는 '모던스토리 하우스(가칭)'라고 지었다고 합시다. 별로 어렵지 않은 단어 나열임에도 불구하고 하루만 지나도 가물가물 기억에서 사라질 겁니다. '아, 저번에 봤던 그 브랜드 이름이 뭐였더라?'

잘 만들어 놓고 이름을 잘못 지으면 수고에 비해 아쉬운 결과를 초래할 수 있게 되는 거죠.

사업 방식에 현혹되지 말고
타깃에 집중하라
-블랙삭스닷컴Blacksocks.com

90년대 후반 닷컴 열풍이 한창일 때 독일에서 검은 양말 쇼핑몰 www.blacksocks.com이 런칭했습니다. 어찌 보면 온라인 쇼핑몰 1세대 사이트인데 아직까지 아주 건재하며 세계 시장으로 확장하고 있습니다.

창업자는 무역업에 종사하던 사람이었습니다. 일본 바이어와의 미팅이 그 사람의 인생을 송두리째 바꿔 놓았습니다. 그 일화는 다음과 같습니다.

출처 blacksocks.com

일본의 식당은 다다미방으로 신발을 벗고 들어가는 형태가 많습니다. 그는 한 미팅 때 신발을 벗는 순간 자신의 검은 신사 양말에 구멍이 난 걸 알아차립니다. 바이어와의 미팅 시간 내내 구멍 난 양말 때문에 미팅에 집중하지 못하게 됩니다. 이분에게는 정말 끔찍한 경험이었지만 그것이 블랙삭스닷컴을 창업하게 된 계기가 됩니다.

검은 신사 양말을 정기배송하는 서비스를 개시합니다. 그리고 이른바 대박을 칩니다. 검은 신사 양말을 구독하는 시스템으로 소비자에게 어필했고, 이에 많은 소비자가 구매를 한 것입니다.

1990년대 후반에서 2000년대 초에 이를 본 많은 한국의 쇼핑몰이 벤치마킹을 하면서 유사한 서비스를 시작합니다.

"정기적으로 필요한 제품이 무엇이 있을까?"

"기저귀, 분유, 휴지, 쌀 …"

이런 생필품 위주의 정기배송, 정기구독(신청하면 정기적으로 자동 결제가 되고 자동배송이 되는 서비스. 심지어 할인까지 된다.) 코너나 서비스를 개시했습니다.

결과가 어땠을까요? 유사한 형태로 서비스를 게시했는데 결과는 신통치 않았습니다.

이유가 무엇이었을까요? 블랙삭스닷컴은 타깃 소비자의 라이프 스타일에 초점을 맞춰 그들에게 필요한 서비스를 한 것인데 반해 일반 정기배송 서비스는 서비스의 형태(정기배송)만 벤치마킹을 했기 때문입니다. 별거 아니지만 이 부분에서 굉장히 큰 차이가 발생합니다.

내일 출근해야 하는데, 오늘 양말이 없습니다. 그럼 여러분이라면 어떻게 하시겠습니까? 요즘은 편의점에서도 양말을 판매하니 필요할 때 바로 사든가 아니면 집에 오기 전에 마트에 들러 사면 끝나는 것인데, 부담스럽게 정기배송까지 할 필요가 있을까요? 그렇다면 양말 정기배송이 필요한 사람들은 누구일까요?

해답은 그 탄생 스토리를 통해서 힌트를 얻을 수 있습니다. 바로 '무역업에 종사하는 바쁜 사람들'이 타깃입니다. 오늘 미국에서 돌아와 다음 날 일본에서의 미팅 준비를 하다 보면 '앗! 양말이 없네?' 이럴 수 있는 거지요. 그러니까 블랙삭스닷컴은 무역 직종 비즈니스맨을 위한 비즈니스 관련 제품 정기배송 서비스였습니다.

타깃에 집중할 때 사업을 확장하기도 굉장히 유리해집니다. 그렇다면 양말만 필요할까요? 와이셔츠, 속옷 등 필요한 물품이 굉장히 많아지겠죠. 비즈니스맨을 타깃으로 해 넓게 보니 제품의 고급화를 통해 높은 수익률도 보장되어, 20년이 지난 지금까지 많은 외부 트렌드 변화에도 흔들림없이 잘 운영되고 있습니다. 이는 바로 충성도가 생겼기 때문입니다.

정리를 하면 다음과 같습니다.

마케트릭스 MARKETRIX ○

타깃의 라이프스타일에
세밀하게 초점을 맞춰야 한다

많은 사업가 또는 마케터에게 "타깃이 어떻게 되나요?"라고 질문하면 상당수가 다음과 같이 대답합니다. "25세에서 35세 사이의 홀로 살면서 여가를 즐기는 세대." "20대 후반에서 30대 중반 여성으로 품질이 좋고 디자인이 예쁘면서 가성비가 좋은 의류를 좋아하는 사람." 이처럼 단순히 연령대와 추구하는 구매 성향을 대표하는 정도로 타깃을 정의하는 실수를 많이 합니다. 그래서 30명 정도 모인 집단에서 타깃을 물어보면 각기 다른 사업을 하고 있는데도 타깃이 전부 유사한 경우가 많습니다.

앞서 블랙삭스닷컴의 경우와 같이 타깃의 라이프스타일에 스며들어 그들이 원하는 것을 명확하게 서비스 또는 제품에 녹였을 때 고객이 구매로 반응한다는 사실을 꼭 명심해야 합니다.

적절한 타깃 설정이 일반적인 타깃 설정과 얼마나 다른지를 다음

마케팅의 심위일체 법칙

내용으로 확인해 봅시다.

다음의 예시를 보면 타깃이 절대로 같지 않다는 것을 알게 됩니다.

사업군: AR, VR, 디지털 게임 등 디지털 콘텐츠 관련 사업

비교1 일반적인 타깃 설정

AR, VR에 관심이 있는 사람

20~30대 게임을 자주하는 사람

음악, 영상에 관심이 있는 20대

비교2 적절한 타깃 설정

AR, VR을 특화해서 대학교 진학을 목표로 하는 수험생

AR, VR을 산업현장에 접목하려고 하는 제조업/사업가

FPS 게임을 모바일로 즐겨하는 고등학생

인생 다큐를 찍고 싶어 하는 60대 가정 또는 그 자녀

게임을 자주하는 20~30대를 타깃으로 했을 때와 FPS게임(1인칭 슈팅게임)을 모바일로 즐겨 하는 고등학생으로 했을 때, 두 집단은 생활 환경이 완전히 달라 마케팅 전략이나 서비스 전략이 많이 달라져야 합니다. FPS 게임을 모바일로 즐겨하는 고등학생이라면 정말 짧은 순간에만 PC를 사용하는 환경에 맞게 서비스 기획 및 정책이 그들의 생활환경에 녹아들어야 하는 것입니다.

다시 정리하면 다음과 같습니다.

삼위일체(타깃, 제품/서비스, 브랜딩) → 충성도 → 사업확장

타깃, 제품/서비스, 브랜딩, 이 세 가지가 삼위일체가 되면 충성도가 생기고, 충성도가 생기면 확장이 가능합니다. 이때 확장은 명확하게 타깃을 중심으로 해야 합니다.

삼위일체의 힘: 로레알이 6,000억에 인수한 '스타일난다'

'스타일난다'는 뒤에서 자세히 설명하겠지만 타깃, 제품/서비스, 브랜딩, 이 삼박자가 잘 맞게 기획되어 마케팅 삼위일체 법칙을 설명

파이낸셜뉴스 　구독

로레알 '스타일 난다' 인수..로레알의 한국브랜드 인수 '최초'

입력 2018.05.03. 오전 11:20 　기사원문

박신영 기자

로레알이 2004년 김소희 대표가 설립한 한국의 라이프스타일 메이크업 및 패션 회사인 주식회사 난다의 지분 100%를 인수한다고 3일 밝혔다. 로레알이 한국 뷰티 브랜드를 인수한 것은 이번이 처음이다.

스타일난다는 의류 사업으로 출발했으나 메이크업 브랜드 쓰리컨셉아이즈(이하 3CE)의 성장으로 전체 매출의 70% 이상을 차지하면서 스타일난다의 대표적인 브랜드로 부상했다. 한국과 일본에서 사업을 운영하고 있는 스타일난다는 직원 400여명을 두고 있으며, 2017년 기준 1억 2700만 유로(약 1641억4000만원)의 매출액을 올렸다. 또한 홍콩, 싱가포르, 말레이시아 및 태국을 포함한 해외 시장으로도 사업을 확장했다.

스타일난다는 한국과 중국의 밀레니얼 세대 사이에서 인기 있는 브랜드다. 스타일난다의 다양한 유통 경로는 이커머스, 전문 소매업체, 백화점 및 면세점을 포함한다. 또한 스타일난다 매니아들은 스타일난다 롱대, 명동 핑크호텔과 핑크풀, 가로수길 3CE 시네마와 도쿄의 스타일난다 하라주쿠 매장 등 그룹의 상징적인 공간에서 브랜드 경험을 누릴 수 있다.

스타일난다의 설립자인 김소희 대표는 "이번 매매거래는 난다에게 획기적인 출구가 될 것으로 확신한다"며 "로레알의 견고한 지원과 글로벌 플랫폼을 바탕으로 스타일난다가 전 세계로 확대돼 뷰티 트렌드를 선도하는 세계적인 브랜드가 될 것으로 예상한다"고 밝혔다.

알렉시 페라키스-발라 로레알그룹 시판사업부 사장은 "한국의 멋진 브랜드를 로레알그룹의 가족으로 맞이하게 되어 매우 기쁘다"며 "스타일난다는 서울의 분위기, 엣지 그리고 창의성을 담아내고 있으며, 한국과 중국뿐만 아니라 그 밖의 지역에서 밀레니얼 세대의 메이크업에 대한 증가하는 욕구를 충족시킬 수 있는 완벽한 위치에 있다"고 말했다.

안 르부르동 로레알코리아 사장은 "이번 스타일난다 인수를 통해 로레알코리아는 접근성 높은 메이크업 시장에서의 입지를 더욱 강화할 것이다"며, "그룹 최초로 한국의 뷰티 브랜드를 맞이하게 되어 기쁘며, 한국적인 아름다움과 스타일을 전 세계에 선보일 수 있게 되어 매우 자랑스럽다"고 밝혔다.

로레알그룹은 이번 인수로 3CE의 판매를 글로벌로 확대할 계획이다. 인수절차는 관례적인 규제 승인 이후 2개월 내에 완료될 예정이다.

출처 파이낸셜뉴스

마케트릭스 MARKETRIX ○

할 때 가장 좋은 대표적인 예시입니다.

로레알은 2018년 스타일난다를 무려 6,000억 원에 인수합니다. 스타일난다의 비결은 바로 삼위일체의 법칙을 잘 활용했고, 충성도를 앞세워 확장을 앞두고 있었다는 것입니다.

PART 2 마케팅의 삼위일체 법칙

☑ 마케팅 삼위일체가 되어야 소비자에게 명확하게 어필이 되고 광고비가 절약된다.

☑ 마케팅 삼위일체가 되면 고객 충성도가 생긴다.

☑ 고객 충성도를 기반으로 사업을 확장할 수 있다.

☑ 라이프스타일에 세밀히 초점을 맞춰야 하며, 타깃의 라이프스타일에 녹아들어 그들이 원하는 것을 명확하게 서비스, 제품에 반영했을 때 고객이 구매로 반응한다.

[예시] 정기배송 서비스는 장을 보러 갈 시간이 없는 타깃에게 제공했기 때문에 소비자가 이용하는 것이지, 정기배송이 편하고 가격이 합리적이기 때문에 반응(구매)하는 것이 아니다.

PART 3

시장 분석하기

정성적 시장 분석 방법

시장 분석에는, 다양한 접근 방식과 방법이 존재하지만, 여기서는 실질적으로 실무에 쉽게 활용이 가능한 방법을 안내하고자 합니다. 시장은 크게 정성적 조사와 정량적 조사, 두 가지 방식으로 분석해서 파악할 수 있습니다.

정성적 조사는 말 그대로 소비자들의 기대치, 현재 느끼는 감성, 트렌드를 분석하는 것이고, 정량적 조사는 어떤 정보에 대한 느낌이 아닌

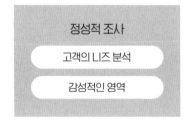

마케트릭스 MARKETRIX ○

수치를 분석하는 것입니다. 가령 현재 "대한민국 인구수는 5,200만 명이다."가 정량적인 조사입니다. 정성적 조사와 정량적 조사를 합치면 시장 분석이 됩니다. (이는 단순하게 시장을 분석하는 것이고 여기에 경쟁사 분석을 더해야 더 명확한 시장 분석이 됩니다.) 앞서 고릴라 매트리스 사례가 대표적인 예입니다.

[정성적 조사]

고객은 매트리스를 구매할 때 잠을 잘 자고 싶거나 허리가 아파서 구매 검토를 하게 된다.

[정량적 조사]

대한민국에는 불면증 환자(65만 명)보다 허리디스크 환자(251만 명)가 4배 더 많다.

[결론]

허리에 좋은 매트리스를 만들면 시장에서 성공할 수 있다.

그렇다면 정성적 조사는 어떻게 하는 것일까요?

정성적 시장 분석 방법

정성적 조사는 포털사이트 검색 결과를 해석하고, 네이버 광고

시스템으로 추가 정보를 얻은 다음 마지막으로 '썸트렌드SOMETRED' 사이트를 통해 여론의 감성(느낌)을 확인한 후, 이 세 가지 내용을 종합해 결론을 이끌어 내면 됩니다.

포털사이트의 검색 결과 해석해서 고객의 니즈 파악하기

2010년경에는 대한민국의 유저(컴퓨터 이용자)의 약 90%, 2020년에는 약 70%가 네이버를 검색 엔진으로 이용했습니다. 즉, 대한민국 사람 대부분이 네이버를 통해 정보를 얻었다고 볼 수 있습니다. 네이버 유저가 네이버에 오래 머물수록, 그리고 검색을 많이 이용할수록 네이버에 수익이 됩니다. 이것은 주 수익원인 '키워드 광고' 단가가 올라가기 때문입니다. 따라서 네이버가 가장 우선시하는 것이 바로 검색 결과의 정확성입니다.

이를 우리 입장에서 쉽게 해석하면 네이버의 검색 결과를 잘 해석하면 네이버가 분석한 빅데이터를 그냥 얻을 수 있다는 뜻입니다. 왜냐하면 네이버는 특정 키워드를 입력해서 검색할 때, 사용자가 가장 많이 찾는 정확한 정보가 제일 상단에 노출되게 하기 때문입니다(키워드 광고 같은 광고 영역은 제외).

다만, 최근에 네이버가 소셜 네트워크SNS로 변모하기 위한 단계로 검색 결과를 많이 바꿨습니다. 카페, 블로그 등을 View라는 영역으로 통합했습니다. 네이버는 구글화하고 있고, 반대로 다음은 예전의 네이버 방식을 추구하고 있습니다. 현재로서는 네이버와 다음의 검색 결과를 종합적으로 활용해서 해석해야 시장 파악이 가능합니다.

네이버 컬렉션이란?

네이버에서 검색을 하다 보면 블로그, 카페, 이미지, 뉴스 등의

컬렉션

영역에 대한 결과가 나오는데, 이 섹션을 네이버에서는 '컬렉션'이라는 용어로 부릅니다. 이 책에서도 컬렉션이란 용어를 사용하겠습니다.

네이버는 정확성을 매우 중요시합니다. 따라서 검색어에 따라 검색 결과 컬렉션의 순서가 달라집니다. 같은 가수라 하더라도 A 가수는 '뮤직' 컬렉션이, B 가수는 '뉴스' 영역이 상위에 노출되곤 합니다. 단순하게는 A 가수는 사람들이 그 가수의 음악을 듣기 위한 목적이 많고, B 가수는 그 사람의 예능, 활동, 소식에 관심이 많다고 해석할 수 있습니다.

물론 정확성을 기초로 하기 때문에 해당 단어가 가지고 있는 기본 정보, 속성은 어떤 컬렉션보다도 우선입니다. 가령, 사람 이름을 검색 하면 인물 정보가 우선적으로 나옵니다. 지역 명을 검색하면 그 지역과 관련된 기본 정보가 우선적으로 나옵니다. 기본 속성을 제외한 컬렉션의 순서와 내용을 해석하는 게 중요합니다.

여기서 '연관 검색어'란 현재 검색한 키워드를 검색한 후 추가로 검색하는 키워드를 말하며, 현재는 검색 결과 하단에 위치합니다.

1 컬렉션 **순서** 본다

2 상위컬렉션 **내용**을 확인한다

3 검색어의 **특성**과 연관시켜 본다

4 [필요시] **연관검색어**로 실마리를 찾는다

다음과 네이버의 검색결과를 동시에 확인하면 좋습니다.

그러나 네이버가 연관 검색어를 거의 없애다시피 했기 때문에 이 부분은 다음 검색 결과를 참고해도 도움이 됩니다.

이케아 전등을 한번 검색해 볼까요?

'이케아 전등'이라고 검색어를 입력하자마자 다음과 같이 자동 완성키워드가 뜹니다. "당신 혹시 이 키워드를 찾는 거 아니야?"라고 사람들이 많이 찾는 검색어를 보여 줍니다. 여기서 '이케아 전등'을 검색하는 사람들이 '이케아 전등갓'을 많이 찾는다는 힌트를 얻을 수 있습니다.

키워드 광고 영역을 제외한 컬렉션의 상위 노출 내용입니다.

네이버 쇼핑

VIEW

마케트릭스MARKETRIX ○

이미지

각 정보의 조각들을 모아야 합니다. 먼저 컬렉션의 순서와 내용을 봅니다. 컬렉션 순서로 해석하면 이케아 전등은 '쇼핑'이 제일 먼저 나오는 것을 보니 이케아 전등을 구매하려는 목적이 강하다.

그다음 'VIEW' 영역이 나오고, 그 내용을 보니 다른 사람들의 후기를 참고한다.

'이미지'가 나온 것을 보니 이케아 전등은 이미지가 매우 중요하다.

순서의 조각들을 모은 다음 주요 컬렉션의 내용을 봅니다. 먼저 쇼핑 영역을 보면 상위에 위치한, 즉 정확도가 높은(조회, 클릭, 구매가 많은) 제품들을 볼 수 있습니다.

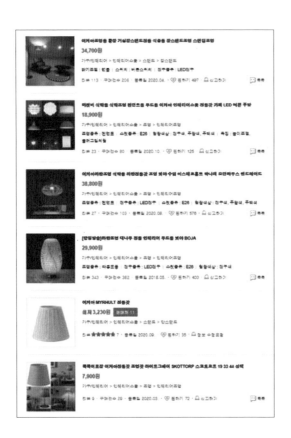

좀 더 자세히 보면 탁상용은 아래와 같은 은은한 조명의 라탄 무늬 무드등이,

스탠드형의 제품군은 주로 아래와 같은 형태가 나옵니다.

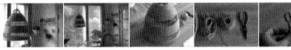

갈색 조명의 탁상용 라탄 무드등과 일직선으로 뻗고 갓 모양이
세련된 제품을 주로 찾는다는 것을 알 수 있습니다.

VIEW 영역에는 어떤 내용이 있을까요?

전등갓, 인테리어, 무드등 등의 사진과 내용이 있습니다.

마지막으로 이미지는 어떤 것들이 보일까요? 역시 정확도에 따라, 많이 조회하고 많이 클릭한 이미지들이 상위에 노출된다고 보아야 합니다.

거실에 사용하는 제품들은 갓모양과 흰색이 많고, 탁상용은 은은한 갈색에 조그만 제품이 많이 보입니다. 그리고 다음과 같은 대형 전등도 눈에 띕니다.

여기에도 라탄 무늬가 있네요. 제가 검색할 당시에 라탄이 유행이 었나 봅니다. 이런 식으로 조각을 모아야 합니다.

다시, 컬렉션 순서와 해당 내용의 조각들을 모아 봅니다.

- 이케아 전등은 '쇼핑'이 제일 먼저 나오는 것을 보니 이케아 전등을 구매하려는 목적이 강하다.
- 현대적이고 세련된 형태의 직선형 스탠드와 갈색 라탄 무늬의 탁상용 무드등을 많이 찾는다.
- 그다음 'VIEW' 영역이 나오고 내용을 보니 다른 사람들의 후기를 참고한다.
- 역시나 전등의 갓 모양이 인테리어에 큰 영향을 주고, 그런 정보를 찾고 있다
- '이미지'가 나온 것을 보니 이케아 전등은 이미지가 매우 중요하다.
- 쇼핑에서와 같이 직선 형태의 현대적인 스탠드 조명과 탁상용 무드 등과 대형 거실용 전등도 많이 보인다.

이제 조각들을 다음과 같이 정리할 수 있습니다.

"사람들은 스탠드형과 탁상용 전등 위주로 많이 사는데, 스탠드형의 구매 결정 요소는 갓 모양이며 현재는 현대적이고 세련된 형태를 선호한다. 탁상용 전등은 갈색의 은은한 무드등으로 라탄 무늬를 선호한다. 이는 신혼 살림을 준비하는 사람들이 안방 무드등에 대한 니즈가 있다고 예측할 수 있다. 그리고 최근에 구매로 이어지지는 않았지만(쇼핑 영역의 상위에 없으므로) 거실에 쓸 대형 조명에 대한 니즈가 조금씩 올라오고 있다."

여기서 하나 더 예측해야 할 것이 있는데, 바로 대형 조명입니다. 이런 조명은 넓은 집에서 쓰일까요? 아니면 좁은 집에서 쓰일까요? 사진에서도 알 수 있지만 넓은 집에 쓰입니다. 그리고 층고가 높은 공간에서 사용할까요? 아니면 낮은 공간에서 필요할까요? 당연히 높은 곳입니다.

이를 다시 해석하면 넓고 높은 집(또는 카페)에 설치하기 위한 이케아 전등에 관심이 생기고 있다고 해석 가능합니다. 더 나아가면 넓고 층고가 높은 집으로 이사 가려는 사람들이 늘고 있다고 볼 수도 있고요. 이 책을 쓰기 시작한 2021년을 기점으로 보면 코로나로 인해 집에만 있다 보니 마당 있는 전원주택에 대한 수요가 높아져서, 나비효과처럼 연쇄적으로 이런 결과가 나오는 것이 아닌가 하고 추측할 수 있습니다.

이처럼 해석하는 훈련을 하다 보면, 시장조사 시간과 정확도를 높일 수 있습니다.

네이버 광고 시스템을 활용한 성별, 연령별 니즈 파악하기

네이버 광고 시스템은 네이버 홈페이지PC 하단에 있습니다.

여기서 검색광고를 클릭하고 로그인 후 광고시스템에 접속해 '도구>키워드 도구'로 들어가면 됩니다. 참고로 광고관리 시스템은 네이버에서 특정 키워드가 한 달에 얼마나 네이버를 통해서 검색되는지 피시와 모바일 검색을 비교해서 보여 주며, 키워드 광고 입찰 경쟁률을 보여 주기 위한 용도입니다. 우리는 이를 시장조사에 활용하도록

하겠습니다.

'이케아 전등'이라 키워드를 입력하고 조회하면 관련된 키워드와 검색량이 같이 검색됩니다.

여기서 봐야 할 것은

1. '이케아 전등'과 연관된 키워드 중 '조각 모음'을 통해서 예측할 만한 키워드를 추려 내고

2. 키워드별 '성별, 연령대 검색량'을 확인한 후

3. 새로운 결론을 이끌어 내는 것입니다.

마케트릭스 MARKETRIX ○

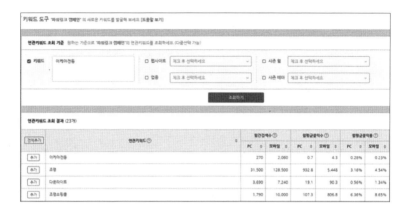

먼저 이케아 전등과 연관될 만한 제품군과 최신 유행의 키워드를
모아 봅니다. (조각 모음)

키워드	월간 검색량		
	PC	모바일	합계
이케아 전등	270	2,060	2,330
식탁 등	8,580	61,400	69,980
거실 등	5,440	32,100	37,540

관련 키워드가 많이 보이는 레일조명을 따로 모아 봅니다.

키워드	월간 검색량		
	PC	모바일	합계
다운라이트	3,690	7,240	10,930
레일조명	7,710	28,800	36,510
레일등	3,850	16,800	20,650
벽등	4,190	19,100	23,290

'이케아 전등'은 어떤 사람들이 검색을 하는지 볼까요. 광고 시스템 검색 결과에서 해당 키워드를 클릭하면 다음과 같은 화면이 뜹니다.

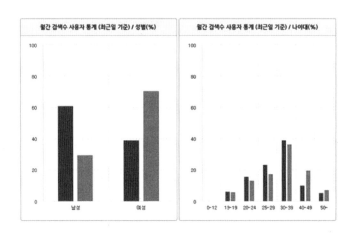

여성이 남성보다 더 많이 검색을 하는데(이는 어찌 보면 당연합니다. 남성보다는 여성이 인테리어에 관심이 많기 때문이죠.) 20대부터 40대까지 다양하게 '이케아 전등'을 검색하고 있습니다.

이 내용을 염두에 둔 상태에서 나머지 다른 관련 키워드들의 결과 해석이 필요합니다. 이케아 전등과 관련이 있을 것이라 생각이 되는 '식탁 등', '거실 등'은 언제 많이 검색할까요? 아무래도 이사할 때 많이 검색하지 않을까요? 아니면 신혼 때 검색을 많이 할까요?

혹시 본인이 결혼하거나 가족이 결혼할 때 침대, 가전제품 등은 고민해도 전등을 고민하는 사람을 보셨나요? 결혼할 때 생각보다 챙겨야 할 게 많으므로 상대적으로 전등은 크게 중요하게 여기지 않습니다.

이렇게 예측을 해 보고 '식탁 등', '거실 등' 키워드를 클릭하면 다음과
같이 성별 및 연령대에 따른 검색량이 나옵니다.

식탁 등

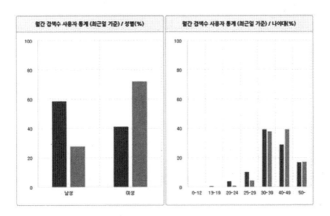

거실 등

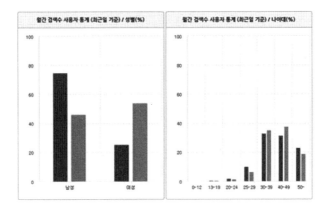

재밌는 것은 '식탁 등' 키워드는 여성이, '거실 등'은 남성이 많이 검색했고, 전부 40대 이상의 비중이 높습니다.

해석을 하면 신혼집 이후에 한 번 이사를 하게 되는 시점인 30대 후반 이후에 (기존의 가구, 가전제품은 있으므로) 전등을 검색하는데 여성이 많이 쓰는 주방 공간과 관련된 키워드는 여성이, 그 외 거실 등과 같은 제품은 남성이 검색을 많이 한다는 것입니다.

다운라이트, 레일조명은 다음과 같은 제품입니다.

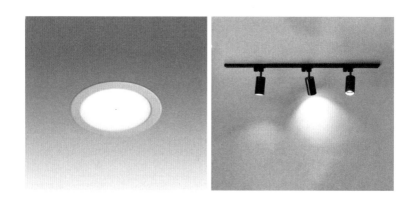

이런 제품에 대한 검색어가 보이기 시작하는데 누가 검색을 많이 하나 봤더니

다운라이트

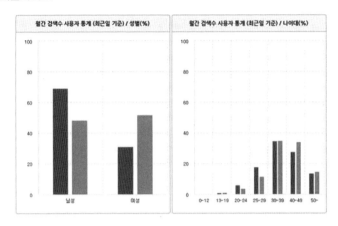

레일조명

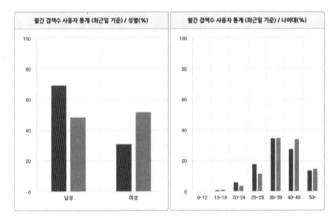

남성, 특히 30대 이상의 검색 비중이 매우 높습니다. 예측을 하면
다운라이트, 레일조명은 남성이 좋아하는 제품군이라 유추할 수
있습니다.

반면에 '벽 등'은 어떨까요?

벽등

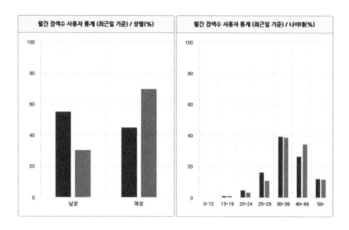

의외로 30~40대 여성의 검색 비율이 높은 것을 알 수 있습니다.
그 이유는 벽 등 제품을 보면 쉽게 알 수 있습니다. 즉, 아기자기한
인테리어 소품 성향이 매우 강합니다.

네이버 검색광고 시스템을 활용한 내용의 조각들을 모아 봅니다.

- 이사할 때 거실 등, 주방 등을 바꾸려는 니즈가 있는데, 거실 등은 남성이,
  주방 등은 여성이 많이 찾는다.
- 단순한 조명을 더하거나 교체를 위한 다운라이트, 레일조명은 남성이
  검색한다.
- 벽 등은 인테리어용으로 여성이 많이 찾는다.

빅데이터 분석 시스템(썸트렌드)를 통해 감성 포인트 파악하기

마지막으로 썸트렌드(https://some.co.kr/) 검색을 통해 소비자들이 거실 등에 대해서 어떤 감성을 느끼는지 찾아보겠습니다.

썸트렌드는 말 그대로 사람들의 감성을 모아서 보여 주는 사이트입니다. 블로그, 카페, 소셜 SNS 글을 분석해서 '긍정/부정' 및 연관된 단어들을 보여 줌으로써 현재 내가 검색한 단어의 여론을 파악하는 데 매우 용이합니다.

썸트렌드에서 '거실 등'을 검색하면 거실 등, 주방 등 다 같은 감성 결과가 나옵니다. 연관된 단어와 함께 사람들이 느끼는 감성 표현이 표기됩니다. 이 두 가지를 연관 지어 조각을 모아서 해석하면 전체적인 여론 파악이 가능한 구조입니다. 여기서 일반적으로 연관되는 단어를 제외하고 눈에 띄는 단어에 주목해야 합니다.

연관 단어와 감성 단어를 연결 지어 해석하면 다음과 같습니다. 거실 등은 "밝은 LED 전등을 인테리어용으로 사용하고 깔끔한 스타일을 선호한다. 단, 설치와 관련해 고민도 한다."라고 해석이 가능합니다.

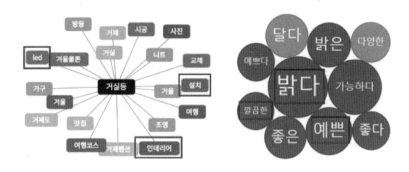

이렇게, 세 가지 방법(네이버 컬렉션 결과, 네이버 광고 시스템 활용, 썸트렌드 감성 분석)을 통해 알아봤습니다. 이 세 가지를 다시 한번 정리하면 정성적인 시장조사가 완료가 됩니다.

채널	결과
네이버 컬렉션	사람들은 스탠드형과 탁상용 전등 위주로 많이 사는데, 스탠드형의 구매 결정 요소는 갓 모양이며 현대적이고 세련된 형태를 선호한다. 탁상용 전등은 갈색의 은은한 무드 등 라탄 무늬 제품을 선호한다. 이는 신혼살림을 준비하는 사람들이 무드 등에 대한 니즈가 있다고 예측할 수 있다. 최근에는 대형 조명에 대한 니즈가 조금씩 올라오고 있다.
광고 시스템	이사할 때 거실 등, 주방 등을 바꾸려는 니즈가 있는데 거실 등은 남성이, 주방 등은 여성이 많이 찾는다. 그리고 단순히 조명을 추가하거나 교체하기 위한 다운라이트, 레일 등을 남성이 검색을 많이 하며, 여성은 현대적이고 세련된 벽 등을 인테리어용으로 많이 찾는다.
썸트렌드	밝은 LED 전등을 인테리어용으로 사용하며 깔끔한 스타일을 선호한다. 단, 설치와 관련해서도 고민을 한다.

종합 결과 (해석 + 기획 방향)

설치가 필요한 거실 등, 주방 등은 밝은 LED 전구가 들어가고, 현대적이고 세련된 제품이 기획되어야 한다. 단, 주방 등은 인테리어용으로 유니크한 디자인 전략도 괜찮다.
설치가 필요 없는 스탠드형 전등은 역시 현대적이고 세련된 갓 형태가 구매 포인트이며, 탁상용 전등은 안방의 무드 등 용도로 갈색이 도는 라탄 모양의 제품을 주력으로 삼아야 한다.

정량적 시장 분석 방법

정성적 방법으로 대략적인 느낌을 분석할 수 있지만 사업을 하거나 현실에서는 이를 수치로 증명하거나 보완해야 하는 경우가 많습니다. 이때 정량적 데이터를 구하는 방법이 있습니다. 정량적 시장 분석 방법은 크게 3가지가 있습니다.

통계청 국가통계포털(https://kosis.kr/index/index.do)**을 이용하는 방법**

KOSIS 국가통계포털
KOrean Statistical Information Service

국가통계포털은 정부 통계청이 운영하며 정부가 가지고 있는 모든 데이터를 조회하거나 요청할 수 있습니다.

마이크로데이터를 이용하는 방법 (https://mdis.kostat.go.kr/index.do)

마이크로데이터는 정부 데이터와 기업 데이터를 무료 또는 유료로 통합 조회할 수 있다는 장점이 있으나 국가통계포털에 없는 자료는 마이크로데이터에도 없는 경우가 많습니다.

경제연구소 자료를 조회하는 방법

삼성경제연구소 www.seri.org

엘지경제연구원 www.lgeri.com

필요한 키워드로 검색하면 전문연구원들의 연구자료를 무료로 조회할 수 있습니다.

대부분의 자료는 통계청의 국가통계포털을 통해서 쉽게 얻을 수 있으니 이를 이용하는 방법을 알아보도록 하겠습니다. 먼저, 국가 통계 포털에서는 대량의 데이터를 주제별, 기관별, 이슈별, 이렇게 다양한 방법으로 조회가 가능합니다.

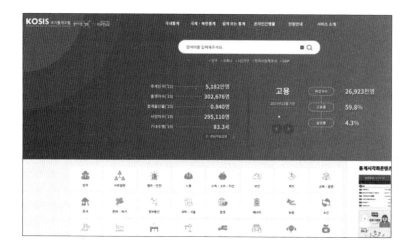

예시로, 좌측 상단에 '국내 통계> 주제별 통계'로 들어가면 다음과 같이 화면이 뜹니다.

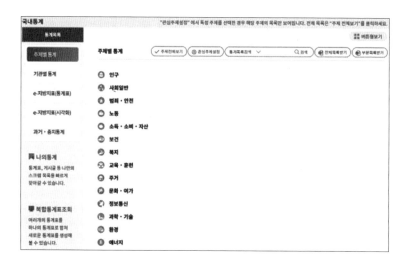

마케트릭스MARKETRIX ○

이 많은 주제 중 '도, 소매>온라인쇼핑 동향조사'로 들어가면 다음과 같은 화면이 뜨며

각각 클릭을 해 보면 쇼핑몰의 형태별, 상품군별 거래액을 세부적으로 조회할 수 있습니다.

그런데 주의해야 할 점이 있습니다. 국가통계포털에서는 방대한 데이터를 다루고 있기 때문에 내가 원하는 자료를 찾으려면 사막에서 바늘 찾기 정도는 아닐지라도 상당히 많은 시간과 노력이 필요합니다. 그리고 통계청에는 생각보다 훨씬 더 많은 데이터가 있습니다. 그래서 통계청에서는 '민원 Q&A'를 통해 원하는 정보를 쉽게 물어보고 찾아볼 수 있도록 도움을 줍니다.

접속하여 궁금한 자료를 문의하면 해당 데이터가 있는 자료의 위치와 추가로 문의할 수 있는 연락처를 알려 주므로, 부담 갖지 말고 민원을 통해서 통계청과 좀 더 친숙해지길 바랍니다.

[민원 Q&A 답변 예시]

시장을 예측하는 방법 예시 – 숙면 매트리스

정량적 방법으로 시장을 예측하는 방법을 예시를 통해 설명하도록 하겠습니다. 자신이 속한 분야에서 계속 실습하고 적용하여 경험치가 쌓이면 마케팅, 경영 능력이 한층 업그레이드되는 놀라운 경험을 할 수 있습니다. 매트리스 시장을 예측한다고 가정하겠습니다. 시장을 예측하는 방법은 아래와 같습니다.

1 전체 성장율을 검색 또는 예측

2 과거 데이터를 기반으로 월별/분기별 변화추이를 분석

3 성장율+분기별 변화추이 적용=결과 예측

경제 기사나 연구 자료 등을 통해 시장 예측 내용을 찾습니다. 그리고 통계청을 통해 과거 데이터를 얻어 시즌별 매출 추이(성수기, 비수기 등)를 분석합니다. 그다음 시장 예측 자료와 과거 추이 자료를 결합해서 예측 자료를 만듭니다.

1 전체 성장율을 검색 결과

2020년 불면증 환자 200만명으로 2021년까지 매년 10% 성장하여 2022년에는 약 240만명으로 될 것으로 추산한다.

2 매트리스 연간 매출추이 분석 (통계청 자료)

(단위 : 백만)

구분	1월	2월	3월	4월	5월	6월	7월	8월	9월	10월	11월	12월	Total
'20 매출액	32,000	33,000	43,000	56,000	44,800	40,320	36,288	32,659	39,900	53,000	46,000	38,000	494,967
비율(%)	6.5%	6.7%	8.7%	11.3%	9.1%	8.1%	7.3%	6.6%	8.1%	10.7%	9.3%	7.7%	100.0%

3 2021년 예상 매출에 월별 매출비율(2번) 대입

(단위 : 백만)

구분	1월	2월	3월	4월	5월	6월	7월	8월	9월	10월	11월	12월	Total
'20 매출액	32,000	33,000	43,000	56,000	44,800	40,320	36,288	32,659	39,900	53,000	46,000	38,000	494,967
비율(%)	6.5%	6.7%	8.7%	11.3%	9.1%	8.1%	7.3%	6.6%	8.1%	10.7%	9.3%	7.7%	100.0%
'21 매출액(e)	35,200	36,300	47,300	61,600	49,280	44,352	39,917	35,925	43,890	58,300	50,600	41,800	544,464
'22 매출액(e)	38,720	39,930	52,030	67,760	54,208	48,787	43,908	39,518	48,279	64,130	55,660	45,980	598,910

삼성경제연구소에서 "2020년 불면증 환자는 매년 10% 성장하여 2022년에는 약 2,400만 명이 될 것으로 추산한다."라는 연구 결과를 봤다고 가정해 봅니다. 통계청의 연간 침구 또는 매트리스 매출 자료를 통해 월별로 매출 추이와 전체 매출을 봅니다. 매년 10%씩 성장을 한다고 하니 과거 전체 매출에서 10%씩 증가한 올해, 내년 총 매출을 구합니다. 그다음 통계청 자료를 통해 얻은 월별 매출 비중을 총 매출 대비 월별로 대입하여 적용합니다.

마케트릭스 MARKETRIX ○

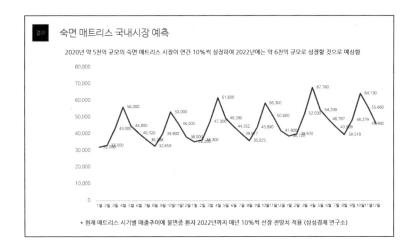

그러면 위와 같이 통계청 자료와 삼성경제연구소 자료를 근거로 예측
자료를 만들 수 있습니다. 하지만 그래프가 너무 인위적이지 않나요?
이것은 대내외 상황이 고려되지 않은 과거와 미래 수치만 비율대로
적용했기 때문입니다. 회사라면 어떻게 해야 할까요? 내가 실제로
사업을 한다면 어떻게 해야 할까요? 실제로 진행할 활동 등 대내외
상황을 대입하여 핵심성과지표(KPI: Key Performance Indicator)를 만듭니다.

회사 영업.마케팅 Activities를 실적에 포함시켜서 KPI (Key Performance Indicator)완성

구분	1월	2월	3월	4월	5월	6월	7월	8월	9월	10월	11월	12월	Total
'20 매출액	32,000	33,000	43,000	56,000	44,800	40,320	36,288	32,659	39,900	53,000	46,000	38,000	494,967
비율(%)	6.5%	6.7%	8.7%	11.3%	9.1%	8.1%	7.3%	6.6%	8.1%	10.7%	9.3%	7.7%	100.0%
'21 매출액(e)	35,200	36,300	47,300	61,600	49,280	44,352	39,917	35,925	43,890	58,300	50,600	41,800	544,464
영업활동	매장 30곳 확대									홈쇼핑 런칭			
마케팅 활동			TV 광고			신규 2nd 브랜드 런칭			2차 TV광고				
'21 매출액(수정)	38,720	39,930	56,760	76,384	61,107	58,545	52,690	56,905	69,522	101,582	88,165	72,832	787,663

* 영업망 확충, 신규 브랜드 런칭, 홈쇼핑 런칭에 따라 매출 10% 각각 성장치 적용
* TV광고 효과로 매출 20% 성장 예상치 적용

먼저, 주요 영업, 마케팅에 대한 굵직굵직한 월별 계획을 적습니다. 예를 들어 오프라인 매장 확대, 홈쇼핑 런칭, TV 광고 등이 있겠지요. 그런 다음 업계에 일반적으로 알려진 효과 또는 기존의 마케팅 효과치를 근거로 해서(TV 광고를 하면 방문자가 일평균 10만 명이 들어오고 구매전환율 1%에 객단가 10만 원에 하루 평균 1억 매출 발생 등) 예상 효과를 기존 매출 추정치에 반영합니다. 각각 영업, 마케팅 활동에 따른 기대효과를 반영한 새로운 월별 매출 추정액이 나오고 이를 그래프로 반영하면 다음과 같습니다.

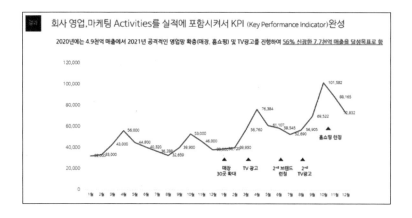

영업, 마케팅 활동을 실적에 포함시켜 KPI를 완성할 때 중요한 포인트 2가지!

하나, 경영자 또는 마케팅 관리자는 해당 시점에 계획대로 실행했는지 꼭

체크해야 합니다.

3월에 진행하기로 한 TV 광고를 4월에 하는 식으로 한 달 미루면 모든 계획이 밀리고 틀어져 결국 연간 매출 계획을 달성할 수 없습니다.

둘, 예측치와 실제 결과를 비교해 보고 대응해야 합니다.

신규 브랜드 런칭, 홈쇼핑 런칭 시 매출 상승을 10%로 예상했는데 실제로는 20% 매출 신장을 하고, TV 광고 진행 시 20% 성장을 예상했는데 10%밖에 상승하지 않는다면 하반기에 계획한 2차 TV 광고를 취소하고 홈쇼핑채널을 더 강화를 하는 식으로 대응을 해야 목표한 매출을 달성할 수 있습니다.

시장 예측 핵심 포인트

영업, 마케팅 또는 주요 활동을 세부적으로 아주 자세히 작성하고 관리할수록 목표 매출을 실제로 달성할 확률이 높아집니다. 예시에는 마케팅, 영업 활동에 대해서 간단하게 나열했지만 실제 기업은 이보다 많은 활동을 할 것입니다. 그런 모든 일련의 활동을 아주 자세하게 타임 라인별로 정리하고 관리해 보세요.

계획을 세운 이후 실제로 해당 월에 계획한 영업, 마케팅 활동을 할 수 있는지 조직을 관리하고 결과치를 분석해서 빠르게 향후 계획을 유지 또는 수정하면 실제로 목표 달성이 가능하며, 좀 더 조직적이고 효율적으로 사업을 운영할 수 있습니다.

미케트릭스MARKETRIX ○

☑ 시장조사는 정성적 조사와 정량적 조사를 토대로 이루어진다.

☑ 정성적 조사를 통해 얻는 정보 조각들을 모아 시나리오를 만들고 정량적 조사를 통해 시나리오 검증 및 시장 규모를 파악할 수 있다.

☑ 정성적 조사는

1) 포털사이트 검색 결과 해석하기

2) 네이버 광고 시스템으로 추가정보 얻기(성별,연령별)

3) 썸트렌드를 통해 여론(감성) 분석하기

위 세 가지를 조합하여 완성한다.

☑ **포털사이트 검색 결과를 해석하는 방법**

1	컬렉션 순서 본다
2	상위컬렉션 내용을 확인한다
3	검색어의 특성과 연관시켜 본다
4	[필요시] 연관검색어로 실마리를 찾는다

☑ 정량적 조사는 통계청 국가통계포털(https://kosis.kr/index/index.do)을 이용하는 방법을 적극 활용하되 민원안내 Q&A를 통해 보다 자세한 데이터와 관련 부서 정보를 얻을 수 있다.

시장 분석하기

PART 4

세일즈 포인트 적용하기

제품 포지셔닝

제품 포지셔닝이란 쉽게 말해 '우리 제품은 어떤 제품이다.'라고 정리하는 것입니다. 우리가 면접을 보는 자리에서 면접관에게 '저는 이런 사람입니다.'라고 소개를 하는 것과 비슷합니다.

이 책에서는 샤워젤 출시를 기획하고 있다는 가정하에 시장 분석을 통해 제품을 포장하고(포지셔닝) 경쟁력(세일즈 포인트)을 찾아 어필하는 방법에 대해서 알아보겠습니다.

샤워젤을 출시하기로 했다. 시장조사, 무엇부터 해야 할까?

이때 궁금한 것들을 하나씩 목록화하고 그에 대한 답을 찾아가는 과정으로 생각하면 좀 더 접근하기 쉽습니다. 가령 다음과 같은 것들이죠.

• 사람들이 샤워젤을 구매할 때 어떤 요소를 가장 중요하게 생각할까?

• 어떤 제품들이 많이 팔리고 있을까? 그 이유는 무엇일까?

결론적으로 1) 고객이 샤워젤 구매 시 어떤 것을 원하고(세일즈 포인트), 2) 경쟁사 제품은 어떤 것이 있는지 또 그것들의 장, 단점은 무엇인지 분석한 뒤 본인 제품의 경쟁력을 찾아 정의하면 됩니다.

세일즈 포인트 찾기

앞서 소개한 썸트렌드 사이트를 참조합니다.

이를 토대로 사람들이 '샤워젤' 하면 무엇을 떠올릴지 감성적인 요소를 찾아보도록 하겠습니다.

계절별로 검색한 결과는 다음과 같습니다.

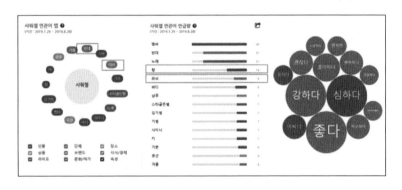

근래 썸트렌드가 일부 유료화하여 최근 한달 결과만 무료로 볼 수

마케트릭스MARKETRIX

있습니다.

7월에는 연관 검색어에 '향', '러쉬'가 있네요.

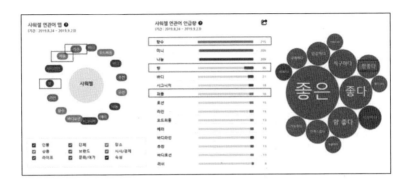

8월에도 역시 '향, 향수, 퍼퓸' 등의 단어가 눈에 띕니다.

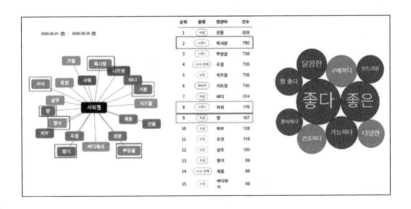

2월에는 '러쉬, 향' 외에 '록시땅'이라는 브랜드가 상위에 랭크되어 있네요. 더 많이 있지만 결론부터 말씀을 드리면 샤워젤이라고 했을 때 많은 사람이 떠올리는 것이 향입니다. 즉, 샤워젤을 구매할 때 향이 매우 중요하다는 사실을 암시하는 것이죠. 그렇다면 '러쉬LUSH'라는 브랜드는 왜 뜰까요?

혹시 이런 경험 있으신가요? 어느 쇼핑몰에 가면 굳이 러쉬 매장을 보지 않아도 해당 건물에 그 매장이 있다는 것을 금방 알 수 있었던 경험 말이죠. 맞습니다. 러쉬는 향이 매우 강합니다. 그래서 샤워젤을 구매하는 사람들은 향을 매우 중요하게 생각하고, 따라서 '향' 하면 떠오르는 러쉬 브랜드가 연관해서 같이 뜨는 겁니다.

그렇다면 2월에 록시땅은 왜 상위에 랭크되었을까요? 뒤에서 자세히 설명하겠지만 이 또한 록시땅 브랜드가 추구하는 향과 관련이 있습니다. 그런데 왜 하필 2월에만 상위에 랭크되었을까요? 2월에 무슨 날이 있죠? 밸런타인데이가 있습니다. 여성이 남성에게 밸런타인데이 선물을 하려고 하는데, 마침 록시땅의 향이 남성에게 어울리기 때문입니다. (참고로 검색 당시 록시땅 브랜드는 '시원한 향'을 추구하고 있었습니다.)

**정성적 분석 방법 중 썸트렌드를 통해
샤워젤은 향기와 관련이 무척 깊다는 것을
유추할 수 있었습니다.**

플로차트 만들기

사람들이 샤워젤을 사야겠다고 마음먹었을 때 어떤 흐름으로 검색에서 구매까지 가는지를 예측해 보는 방법입니다.

플로차트 Flow Chart 만드는 기본원칙

1 검색 흐름대로 써내려 가기

2 검색어의 특성 및 대 > 중 > 소 이해하기

3 가지치기 = 큰 줄기를 이해하기

자신이 소비자가 되어 실제 샤워젤을 구매하는 과정을 똑같이 정보 검색하고 컬렉션 순서상 우선시되는 내용을 보고 그 정보를 토대로 2차 검색을 하면서 흐름을 적는 것입니다. 여기서 핵심은 대>중>소 개념을 이해하면서 하는 것입니다. 예를 들면 '샤워젤> 샤워젤 종류>

샤워젤 사용 방법' 이런 식으로 검색하면서 자신이 원하는 방향으로 검색 범위를 좁히면서 흐름을 이해해야 합니다.

계속 흐름을 적다 보면 정말로 많은 정보로 확장됩니다. 이 중 넓게 검색하는 키워드 위주로 가지치기하듯이 진행하면 큰 흐름을 알 수 있습니다. 포털의 연관 검색어를 활용하면 좋습니다. 연관 검색어란 방금 내가 검색한 키워드를 검색한 사람이 이어서 검색한 키워드를 보여 주는 영역이기 때문입니다. 말 그대로 검색 흐름이죠. 참고로, 네이버는 연관 검색어가 검색 결과 하단 또는 우측에, 다음은 검색 결과 상단에 위치합니다.

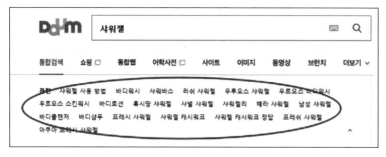

샤워젤을 사려는 고객의 입장에서 검색하고, 여러 가지 글을 보고 정보를 획득하며 사이트에 들어가서 비교하는 등 일련을 과정을 정리해서 플로차트를 그리면 다음과 같습니다.

단, 엑셀로 정리하지 말고 실제로 그려 봐야 합니다!
그래야 흐름이 보입니다!

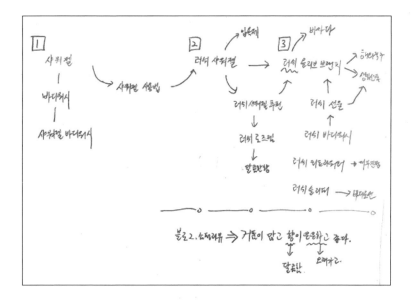

고객 입장에서 실제로 검색을 하면서 흘러가는 모양을 그려 봤습니다. 이를 좀 더 깔끔하게 정리하면 다음과 같습니다.

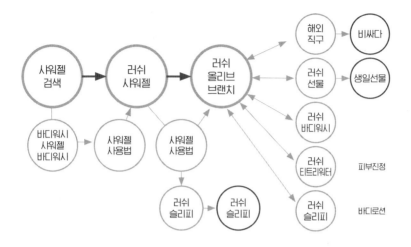

　샤워젤을 검색하고 검색 결과 내의 여러 글을 읽은 후 추가적으로 궁금한 것들을 다시 검색해 보면서 흐름을 정리해 큰 가지만 남겨 그림을 그려 보니, '러쉬 올리브 브랜치'로 수렴되는 흐름을 볼 수 있습니다. 이후에 '해외 직구, 선물' 등이 나오는데, 결론적으로는 비싸고, 생일 선물로 많이 활용된다고 볼 수 있습니다.

　그러면 러쉬 올리브 브랜치는 어떤 특징이 있을까요? 블로그, 쇼핑의 리뷰들을 보면 '거품이 많고 향이 은은하고 좋다.'라고 정의할 수 있습니다. 앞서 우리는 썸트렌드를 통해 샤워젤은 향기와 무척 관련이 높다는 것을 알았습니다. 과연 러쉬 올리브 브랜치란 제품은 어떤 향을 가지고 있을까요?

고객의 니즈 찾기: 샤워젤에서 고객이 원하는 것은 무엇일까

고객의 니즈 파악하기 첫 번째

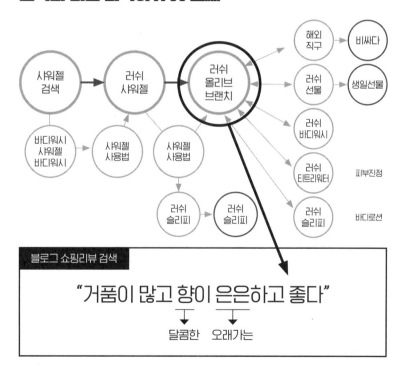

결국 샤워젤을 사는 사람들은 달콤한 향이 은은하게 오래가는(향이 강해야 샤워 후에 은은한 향을 냅니다.) 제품을 선호한다는 것을 유추할 수 있습니다. 대다수 사람이 샤워젤을 살 때 달콤한 향을 선호한다는 얘기죠.

덧붙이면, 러쉬 제품은 '러쉬 선물'로도 많이 검색됩니다. 선물용으로 많이 구매한다는 것인데 여러분이 러쉬 마케팅 담당자라면 어떤 전략을 펼칠까요? 제품 패키지에 신경 쓰지 않을까요? 선물용이니까요.

이제 러쉬 제품의 포장 패키지를 한번 보세요. 잘나가는 제품에는 이렇게 고객의 니즈를 파고드는 각종 전략이 스며 있습니다.

출처 러쉬 홈페이지

고객의 니즈 파악하기 두 번째

포털 검색을 통한 고객 니즈 파악과 함께 네이버 광고 시스템을 활용하여 중분류급 키워드인데, 생각보다 많이 검색하는 키워드를 목록화합니다. '샤워젤'을 검색하면 샤워젤과 함께 결과를 보여 주는 키워드 중 눈에 띄는 키워드들을 정리해 봅니다.

검색어	월간 검색량			판매상품수	경쟁지수
	PC	모바일	합계		
샤워젤	700	2,790	3,490	1,010,343	289.5
남자바디워시	580	1,800	2,380	5,610	2.4
바디워시	9,030	28,800	37,830	246,607	6.5
천연바디워시	560	2,120	2,680	5,826	2.2
바디샤워	490	1,840	2,330	215,972	92.7
바디크림	1,110	3,240	4,350	471,161	108.3
향좋은바디워시	420	1,000	1,420	2,158	1.5
샤워크림	1,010	5,550	6,560	18,049	2.8
둥드름바디워시	1,920	5,220	7,140	319	0.0

여기서 경쟁지수는 '월간 검색량 ÷ 해당 키워드 상품 등록수'입니다. 해당 검색량에 비해 얼마나 많은 제품이 경쟁을 하고 있는지를 단순하게 수치화했다고 보면 되고, 경쟁지수가 낮을수록 그만큼 검색량에 비해 검색되는 제품이 적어 경쟁할 만하다고 볼 수 있습니다.

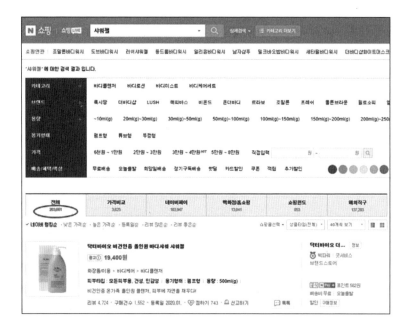

상품 등록수는 네이버 쇼핑에서 해당 키워드로 검색했을 때 검색 결과에 전체 검색 숫자가 나오니 참고하세요.

05

경쟁사 현황 파악하기

목록에서 눈에 띄는 키워드를 네이버 쇼핑에서 검색하고 그중 많이 팔리는 제품을 목록화합니다. 이게 바로 경쟁사 분석에 해당됩니다. 먼저 목록화할 때 중요하게 생각하는 항목(예를 들어 사이즈, 가격 등)을 정해서 정리해야 하는데 우리는 향이 중요하다는 것을 알고 있으니 어떤 향인지를 항목에 넣습니다.

여기서 재밌는 걸 발견할 수 있는데, 바로 '블랙몬스터'라는 브랜드와

제품명	대상	용량	가격 (배송비 포함)	향기	기타
블랙몬스터	남성용	250ml	21,400	만다린향	All in one
더 바디샵 모링가 샤워젤	남녀공용 (여성용)	750ml	19,640	꽃향기	대용량
더 바디샵 화이트 머스크	여성용	400ml	16,000	머스크향 / 꽃향기	
비욘드 (Beyond)	남녀공용 (여성용)	1,000ml (1L)	28,000	비누향 / 살냄새	대용량
더바디샵 핑크 그레이프 후룻	남녀공용 (여성용)	750ml	20,400	자몽향	대용량
미쟝센 맨 헤드투토 올인원샤워젤	남성용	500ml	7,000	쿨 워터향	All in one
블랙싱 Multi 3 in one body wash	남성용	500ml	16,400	3가지 향(달콤/상큼/시원)	All in one / 오랜 향기 지속
록시땅 버베나 샤워 젤	남녀공용 (여성용)	500ml	32,000	버베나 / 레몬향(시원)	
블랙웨일 남자 (등드름 개선)바디워시	남성용	500ml	23,900	멘톨향	고환을 시원하게 하는 해열 / 남성청결제
문달 퓨어 모이스춰 퍼퓸바디워시	남녀공용 (여성용)	500ml	7,500	16가지 향중 선택	천연성분
메르엘AC+바디워시	여성용		20,000	-	식약청 허가, 여드름 완화 / 클렌저를 무조건 사야함(바디워시는 별도)

'플렉싱'이라는 브랜드입니다. 둘 다 남성용 샤워젤인데 제조 회사가 같습니다. 바로 '블랭크코퍼레이션'이라는 회사입니다. 아니 같은 회사에서 굳이 남성용 샤워젤 브랜드를 2개나 만들 필요가 있을까요?

이것은 앞서 언급한 마케팅 삼위일체 법칙에 따른 것입니다. 두 제품은 비슷해 보이지만 완전히 다른 제품이고 다른 타깃입니다.

마케팅 삼위일체란?

먼저 블랙몬스터를 보면 '블랙'에서 모던함, 고급스러움을, '몬스터'에서 남성임을 은유적으로 표현합니다. 타깃은 현대적이고 세련된 도시의 남자로 하고 있습니다. 그렇기 때문에 제품의 향은 현대적이고 세련된 만다린 향입니다. 강한 남자지만 겉은 모던하고 멋스럽게 꾸밀 줄 아는 남자가 타깃입니다. 타깃-브랜딩-제품 컨셉이 정확히 일치합니다.

반면에 플렉싱은 어떨까요?

자신의 개성을 맘껏 표현하고 유니크함을 뽐내길 좋아하는 사람들이 타깃입니다. 그 타깃에 맞게 브랜딩을 '현재도 플렉스한…'

플렉싱으로 한 것입니다.

그럼, 제품은 어떨까요? 자신의 개성을 표현하고 싶은 사람들에게 단일화된 제품으로 공략하면 될까요? 플렉싱은 그 안에서도 다양한 향과 멋(색상)으로 제품을 선보이고 있습니다. 역시나 타깃-브랜딩-제품 컨셉의 삼위일체가 이루어지고 있습니다.

잊지 말아야 합니다. 마케팅에서 가장 중요한 것은 바로 삼위일체 법칙입니다. 삼위일체가 기본으로 되어야 마케팅, 광고를 진행했을 때 효과가 발생합니다. 반면에 삼위일체가 정확하게 일치하지 않으면 그만큼 효율이 떨어져 마케팅 비용이 상승합니다.

"내가(제품) 누구인지 나도 모르는데 나를 필요로 하는 사람을 어떻게 찾지?" 마치 영화 속 대사 같은 표현이지요. 이렇게 삼위일체가 되어야 우리를 필요로 하는 사람들을 찾을 수 있습니다.

'블랙웨일'이라는 바디워시도 마찬가지입니다. 이 제품은 남성청결제 인데 '블랙'으로 남성을, '웨일(고래)'로 남성의 주요 부위를 비유적으로 묘사하고 있습니다. 종종 사용하는 '고래 잡았다.'라는 표현 많이 들어 보셨죠? 이런 별거 아닌 것 같은 표현이 제품명을 기억하게

세일즈 포인트 적용하기

하는 데 큰 효과를 발휘합니다. 앞서 프롤로그에서 언급한 심리를 기반으로 한 이면 즉, 무의식의 세계에서 뇌가 작동합니다.

한편 경쟁사 제품을 목록화하고 그냥 눈으로만 보면 핵심을 파악하기 어렵습니다. 반드시 그림으로 그려야 합니다. 앞에서 목록화한 제품들을 그림으로 나열해 봅시다.

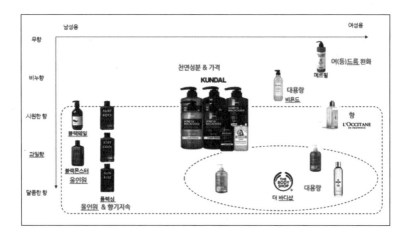

잘 보시면 남성용 제품은 모두 '올인원'을 기본으로 하고 있으며 타깃에 맞게 향을 선택했습니다. 플렉싱은 개성을 어필하고 싶어 하는 타깃이니 모든 향을 다 취급하고 있고요.

바디샵은 달콤한 향에 여성 중심으로 집중되어 있고, 쿤달KUNDAL은 천연 성분 및 합리적인 가격으로 전 카테고리를 공략하고 있습니다. (이는 마케팅 예산이 여유 있을 때 할 수 있는 매우 공격적인 마케팅 방법입니다. 가구에서는 이런 마케팅을 쓰는 곳으로 한샘인테리어, 이케아를 꼽을 수 있죠)

마케트릭스MARKETRIX ○

록시땅은 시원한 향을 시그니처 제품으로 선보이고 있습니다. 아울러 패키지 자체도 아주 고급스러운데, 그렇기 때문에 2월 밸런타인데이 때 록시땅 브랜드의 시원한 향을 남성에게 선물로 주는 것입니다. 러쉬와 같이 록시땅 제품도 선물용으로 패키징 전략을 잘 구사하고 있습니다.

그 밖에 우리가 대중 목욕탕 또는 리조트 등에서 볼 수 있는 비욘드 제품의 경우는, 모든 연령층, 성별에서 사용이 가능하고 호불호가 없어야 하기 때문에 무난한 비누 향이고 대용량으로 가격 소구점을 가져가고 있습니다. 비욘드는 세일즈 포인트가 그냥 씻는 것에 집중한 제품이라고 보면 됩니다. 이처럼 타깃에 맞게, 사용 환경에 맞게 제품을 기획해야 합니다.

고객 시장을 분석해 봤습니다.

결국 샤워젤을 구매하려는 고객이 원하는 제품은 다음과 같은 특성을 가진 제품입니다.

블로그 쇼핑리뷰 검색

"거품이 많고 향이 은은하고 좋다"

달콤한　　오래가는

그리고 시장은 다음 그림처럼 형성되어 있습니다.

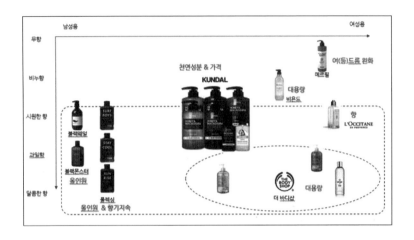

그렇다면 이 두 가지를 분석해 봤을 때, 분명 사람들이 원하는데 시장에 없는 제품은 어떤 것이 있을까요? 여기서 기회가 발생합니다.

[고려해 볼 만한 제품]

- 달콤한 향을 더 오래가게 하는 데 포커싱된 제품이 없다(특히 여성용)

- 남성 등드름 전용 샤워젤이 없다 + 향을 강조하면 경쟁력이 있다

- 여성은 올인원이 없다? - 같은 향으로 별도의 제품으로 라인업 확대

시장은 있는데(고객의 니즈가 있음) 아직 경쟁 제품이 없는 블루오션을 공략하기에 앞서 고려해야 할 사항이 있습니다. 바로 대상 타깃을 정하는 일입니다.

타깃 설정하기

이성적 접근 VS 감성적 접근

삼위일체의 첫번째는 서비스의 대상, 바로 타깃입니다. 누구를 대상으로 할 것이냐의 문제죠.

단순하게는 다음과 같이 나눌 수 있습니다.

내가 쓰려고	VS	선물용		
	남자 VS	여자		
10대 VS	20대 VS	30대 VS	40대	
이성적 접근	VS	감성적 접근		

세일즈 포인트 적용하기

하지만 타깃을 정할 때 '패션에 관심이 많은 25~35세 여성', 이런 식으로 정하면 안 됩니다.

여기서 잠깐 살펴봅시다. 이성적 접근과 감성적 접근은 무엇을 얘기하는 것일까요? 일단 쇼핑은 대부분 이성적 판단보다는 감성적 판단(소위 구매하고 싶어서)으로 이루어집니다. 많은 사람이 계획 구매를 한다고 하지만 실상은 충동적으로 구매를 하면서 이유와 명분을 스스로 만들어 계획 구매라고 어필하죠. 그래야 충동 구매를 했다는 죄책감(?)에서 벗어날 수 있으니까요.

따라서 제품과 서비스를 홍보하고자 할 때에는 감성적 소구 포인트를 강조해야 합니다. 의류라고 하면 멋진 모델이 예쁜 카페에서 입고 있는 사진을 강조하는 게 적절한 예시겠지요. 단, 이성적 접근(일례로 진통제)이 가능하다면 그 제품은 엄청난 힘을 가지고 있습니다. 한번 질문을 해 보겠습니다.

"당신은 탈모로 고민 중에 있습니다. 이번에 한 번 먹으면 부작용 없이 평생 모발이 풍성해지는 탈모 치료제가 나왔습니다. 구매하시 겠습니까?"

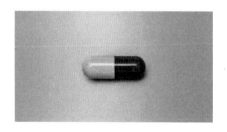

그런데 이 약의 가격이 2,000만 원입니다. 그래도 구매하시겠습니까?

만약, 당신이 탈모 때문에 고민이 많다면 바로 "사지 않겠다."라는 대답보다는 2,000만 원을 모을 고민을 할 것입니다. 이게 바로 '이성적 접근 제품(진통제 형 제품)'의 힘입니다.

당신의 제품, 서비스가 이성적으로 강력한 어필이 가능하다면 이성적 접근법으로 상품과 서비스를 포장해도 좋습니다. 이것이 어렵다면 다음의 둘 중 하나를 택해야 합니다. 첫째, 소비자가 효과가 있다고 느끼게 하거나 둘째, 이성적 접근법을 피하고 감성적 접근으로 상품을 기획해야 합니다.

2018년쯤 다이어트용 '00티'가 시장에 출시되었습니다. 물에 타서 마시면 '지방을 태운다.'는 컨셉으로 한 다이어트 보조 식품이었는데, 타깃, 제품, 브랜딩 삼박자가 잘 맞았고 초반에 공격적인 마케팅으로 소비자들에게 호응을 얻어 매출이 급격하게 상승합니다. 그런데 문제는 바로 이 제품이 이성적 접근 즉, 다이어트가 된다고 어필한 진통제 형 제품이었던 것이죠. 효과가 없다는 소문이 나면서 중고 시장에 나오기 시작합니다. 그러자 효과가 더 강력한 듯 보이는 '하드코어 00티'를 출시합니다. 하지만 눈에 띄는 효과가 없다면 제품의 생명력은 오래가지 못합니다.

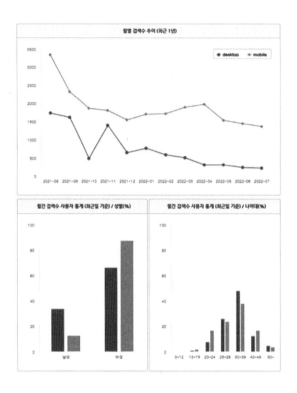

결과적으로 이 제품은 소비자에게 외면받게 됩니다.

그렇다면 타깃은 어떻게 정하는 게 올바른 방법일까요?

앞서 설명한 블랙몬스터, 플렉싱처럼 타깃의 심리, 성향, 라이프 스타일에 좀 더 깊이 초점을 맞춰야 합니다. 거기에 성공 비결이 있는데, 예를 들어 설명하겠습니다.

'스타일난다'의 초창기 타깃 설정과 비즈니스 확장 전략

다음 이미지를 보면 어떤 브랜드가 생각나나요?

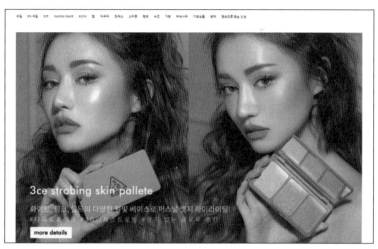

출처 스타일난다 홈페이지

아시는 분이라면 이 브랜드의 타깃에 가까운 분일 가능성이 높습니다.

바로 스타일난다에서 런칭한 화장품 브랜드 3CE입니다. 앞서 마케팅 삼위일체를 언급할 때 로레알에 6천억 원에 매각되었다고 한 회사죠. 스타일난다는 제 기억으로 2000년대 중반에 탄생했습니다.

그 당시 정말 파격적인 옷을 판매했습니다. 거짓말을 보태서 얘기하자면, 엉덩이가 반쯤 노출되는 찢어진 청바지, 배꼽이 다 드러나는 블라우스 등 당시에는 도저히 평상시에 입을 수 없는 수준의 파격적인 옷이었습니다. 그런데 놀랍게도 그런 옷들이 온라인쇼핑몰에 나오기만 하면 품절입니다. 도대체 어떤 사람들이 그런 옷을 샀을까요? 생각해 보세요.

그당시 매달 마지막 주 금요일 홍대에서는 '클럽데이'라고 하여 15,000원짜리 팔찌 입장권을 구매하면 주변에 모든 클럽을 이용할 수 있었습니다.

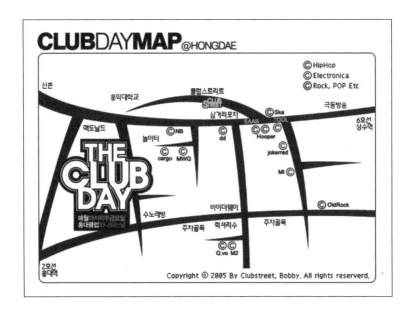

마케트릭스MARKETRIX ○

당시는 외국 유학생이 드문 시절이라 클럽에서 영어를 섞어 가며 즐기면 소위 잘나가는 사람으로 여겨지던 때입니다. 그리고 서구 문화와 의식을 남보다 빠르게 받아들였다는 의미로, 클럽에서 나를 표현할 나만의, 독특한 의상을 원했는데, 스타일난다는 그런 옷을 파는 유일한 곳이었죠. 그래서 '클러버'들의 입소문을 통해 빠르게 성장합니다.

간혹 이런 옷을 누가 입을지 물으면 많은 사람이 패션 모델이라고 대답을 많이 하는데, 이것이 정답인지는 똑같이 모델 입장에서 생각해 보면 됩니다. 입는 옷이 자신을 대변하고 가치를 말해 주는데, 패션 모델이 신생 인터넷 전용 하우스브랜드 옷을 입을까요? 아니면 명품 또는 디자이너의 옷을 입을까요?

이렇듯 타깃은 매우 중요합니다. 타깃의 심리, 생활을 이해해야 합니다. 스타일난다는 이런 튀는 사람들의 심리를 잘 반영한 브랜드로 삼위일체 중 두 가지(타깃, 제품)를 완성했습니다. 그다음 타깃에 맞게 브랜딩을 합니다. 누군가가 옷을 멋들어지게 입고 오면 흔히들 "너 오늘 스타일 난다."라고 말하죠. 또는 중의적인 의미로 스타일 '튀는' 위에 '날아다니는'이라는 의미를 부여할 수도 있을 겁니다. 스타일이 유니크하다 못해 튀는 사람들을 위한 옷, '스타일난다'가 되는 것이죠. 이렇게 '타깃-브랜드-제품'의 삼위일체를 완성합니다.

삼위일체가 되면 충성도(로열티)가 생긴다

스타일난다처럼 삼위일체가 되면 고객의 충성도(로열티)가 생깁니다.

로열티는 곧 매출로 이어집니다. 스타일난다는 이런 '팬덤'을 중심으로 스타일에 약간의 대중적 변화를 주면서 오프라인(롯데백화점)으로 진출합니다. 즉, 파격적인 스타일의 마니아 시장을 선점한 후 타깃 확대 전략을 취한 것입니다. 중요한 것은 그럼에도 '유니크한 디자인'이라는 컨셉은 유지했다는 겁니다. 사람들은 스타일난다를 여전히 매우 독특한 패션 브랜드로 인지합니다. 의류 카테고리에서 타깃인 '유니크한 디자인 유저'시장에 대해 어느 정도 목표를 달성한 이후에는 뷰티 카테고리 즉, 화장품에 진출합니다. 당연히 기초 화장이 아닌 색조 화장이겠죠? 그게 바로 3CE 브랜드입니다. 이처럼 스타일난다는 아주 집요하게 타깃-제품-브랜딩을 일치시키고 있습니다.

잊지 마세요. 삼위일체 법칙은 마케팅의 핵심입니다.

타기팅과 관련해 또 하나의 예를 들어 보겠습니다.

[시나리오] 여러분은 네이버 뉴스란의 연예 뉴스를 보다가 스포츠신문 사이트로 이동하게 되었습니다. 해당 연예 뉴스 하단에 '골프클럽 풀세트 할인판매'와 관련된 인포머셜 광고(information +Commercial의 합성어로, 정보를 주면서 제품을 광고하는 방식)를 보게 됩니다.

기사 하단의 링크를 클릭했더니, '프라임Prime'이라는 정가 250만 원짜리 골프채를 59만 원에 특가판매를 하는 쇼핑몰로 이동합니다. 여러분이라면 구매하겠습니까?

골프를 치지 않는 사람이라도 '테일러메이드, 갤러웨이, 타이틀리스트' 등의 브랜드는 들어 봤을 겁니다. 골프를 아는 사람이라면 일본의 '야마하YAMAHA'라는 브랜드는 들어 봤을 거고요. 그런데 처음 보는 브랜드에 명품 브랜드의 상징인 금장을 했다고 하고, 더군다나 250만 원짜리를 59만 원으로 할인한다고 하면 이 제품을 100% 신뢰하고 살까요? 짝퉁 같은 느낌이 나지 않을까요?

그러나 아이러니하게도 많이 팔립니다. 동의하기 어렵겠지만 사실입니다. 이제부터 그 이유를 타깃 중심으로 한번 생각해 보죠.

질의 응답식으로 한번 답을 찾아보겠습니다.

Q. 네이버에서 연예 뉴스를 보고 스포츠OO 사이트로 오는 사람은
남자일까요? 여자일까요?
A. 남자일 가능성이 높습니다.
Q. 골프 관련 인포머셜 광고를 클릭한 사람은 나이대가 어떨까요?
A. 40대 이상의 남성이 가장 많을 것 같습니다.

그럼, 해당 기사를 통해 골프 쇼핑몰 해당 페이지로 유입된
사람은 40대 남성이 되겠네요. 이미 이 페이지에 있다는 사실만으로
고객군을 필터링해 줍니다. 이 고객군은 또 다시 두 부류로 나뉩니다.
골프를 아는(치는) 사람 대 골프를 모르는 사람이죠. 일단, 해당 골프
클럽 판매자는 1차 타깃을 '40대 남성 중 골프를 모르는 사람'으로
하고, 그들의 생활(시점)을 기준으로 좀 더 자세하게 구분합니다.
골프를 아직 치지 않는 사람 중에 '치려고 하는 사람'이 타깃입니다.
해당 판매자의 정확한 타깃은 '골프를 잘 모르는 40대 이상 남자
중에서 이제 골프를 치려고 준비 중인 사람'입니다.

그렇다면 해당 타깃층이 가장 중요하게 생각하는 것은 무엇일까요?
이들은 골프를 잘 모르지만 저가 브랜드 모델은 남들에게 보여 주기
부끄럽고, 그렇다고 초보인데 너무 비싼 것을 사기에는 부담스럽게
여깁니다. 이때, 프라임 브랜드가 광고합니다. "일본 장인이 수제로

만든 단조 아이언 금장 세트"라고 말입니다.

정확히는 골프 라운딩을 나가서 친구들이 "어? 금장 골프 세트네? 좋은 거야? 프라임? 처음 보는데, 어떤 거야?"라고 물으면 "우리나라에 들어온 지 10년 넘은 일본 커스텀 제작 브랜드야."라고 대답하라고 알려 주는 겁니다.

인포머셜 광고 내용과 상세 설명은 '그 명분'을 계속 말하고 있습니다. 아주 마법과 같습니다.

콘텐츠가 재미있어야 광고 효과가 있다?

마케터들이 가장 고민하는 게 어떤 콘텐츠로 광고를 하느냐입니다. 오답이지만 정답처럼 나오는 말이 "재밌는 콘텐츠를 만들어 광고를 해서 '좋아요 또는 공유'를 늘린다."입니다. 그런데 모든 유저를 만족시킬 필요가 있을까요? 내가 타깃으로 하는 고객이 '와! 이거다!'라고 생각하게 하면 됩니다. 삼위일체를 만들고 세일즈 포인트를 중심으로 마케팅을 하면 구매전환율이 올라가고 광고비도 절감됩니다.

질레트 면도기 하면 독일이 생각나죠? 와이즐리는 질레트 면도기를 사용하는 사용자 중에 비용이 부담되는 남성을 타깃으로 어필합니다.

"독일산 면도날. 1개 1,475원"

자, 이제 다시 머리를 유연하게 환기하고 다시 앞으로 돌아갑니다. 샤워젤 시장조사를 통해 고객의 니즈를 파악하고, 경쟁사들을 분석해서 우리가 나아가야 할 방향을 찾아보고 있습니다.

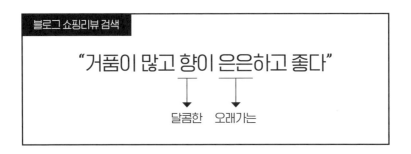

샤워젤 시장조사를 통해서 이런 제품을 만들 수 있을 것 같습니다.

러쉬를 대체해 보자

누군가에게 선물할 때 러쉬만 한 게 없죠. 하지만 비싼 게 문제겠죠? 그렇다면 좋은 향을 오랫동안 유지하게 만들고 선물용 세트로 근사하게 포장해 러쉬를 대체할 수 있는 제품은 어떨까요?

10대 고등학생을 타깃으로 해 보자

요즘은 10대 학생들도 화장에 향수는 기본이죠. 하지만 보수적인 가정에서 엄격하게 자란 여학생이 있는데 사춘기에 들어서서 막 남자친구가 생겼다면? 향수 대신 '올인원(헤어+바디) 샤워젤로 하루 종일 향긋하게'란 컨셉으로 해서, 네이밍은 해당 상황에 맞게 '포이즈닝'이란 단어를 사용해 제품을 만들어 보면 어떨까요?

남자용 등드름 전용 바디워시

남자 등드름 전용 바디워시는 타깃이 남자일까요? 여자일까요? 안타깝게도 여자일 가능성이 높습니다. 남성은 여성과 다르게 그런 부분(?)에 크게 신경 쓰지 않거든요. 여친이 남친에게 기분 상하지 않게 선물할 수 있는 남성 등드름 전용 샤워젤 어떨까요? 천연 성분을 강조해서 '기분 나쁘지 않게 좋은 제품을 선물해 준다.'라고 명분도 줄 수 있고요. 1석 2조겠죠?

참! 향도 마찬가지입니다. 내 남자친구에게서 '쿨향'이 나면 좋겠죠? 달콤한 향보다는 말이죠.

향기로만 승부하자

| 여성용 | 샤워 후 9시간 지속효과 | 독하게 달달하다!/ 많은 거품 | 튜브형 (5분후 씻어내세요) | + |

샤워젤의 세일즈 핵심은 향이라는 사실에 입각해서 향만 강조한 제품도 가장 현실적일 수 있습니다. 오랜 시간 향이 지속되는 것을 강조하고, 펌프형보다는 튜브형으로, 세정제 느낌보다는 향수 느낌을 간접적으로 표현합니다. 그리고 미국의 전설적인 배우 마릴린 먼로가 잘 때 무엇을 입고 자냐는 질문에 '샤넬 NO.5'향수라고 대답한 일화를 모티브로 해서 '먼로 FIVE'라고 네이밍을 하면 어떨까요?

여성에게는 올인원이 맞지 않는다?

타깃은 일반적이면 안 되고 타깃이 되는 사람들의 생활과 밀접해야 한다고 강조했습니다. 여성임에도 올인원 샤워젤이 필요한 사람들로 누가 있을까요? 시간이 너무 없거나 환경적으로 빠르게 샤워를 해야 하는 사람들이 누굴까요? 종합병원 간호사, 119 구조대에 근무하는 여성이 있겠군요. 그들의 상황은 어떨까요? 항상 시간에 쫓겨 바쁘고 스트레스를 받겠지요. 그런 사람들에게 허브 향 샤워젤을 통해 심신의 안정을 주면서 네이밍은 '메딕Medic'이라고 짓는다면 어떨까요? 나를 잘 이해하고 필요한 제품이라면 마다하지 않겠죠? 이처럼 삼위일체는 충성도라는 선물을 안겨 줍니다.

가격 정책

가격 비교 자체를 의미 없게 만들어라

그렇다면 가격은 어떻게 정하는 게 현명할까요? 무조건 경쟁사보다 싸게 해야 할까요? 다음 그림을 한번 비교해 보시겠어요? 세상품 중에 가장 저렴한 제품을 골라보세요.

출처 네이버쇼핑

인터넷의 경우, 제품이 이미지로 노출되기 때문에 실제 크기를 가늠하기 어렵습니다. 이런 부분은 잘 활용하면 가격 경쟁력이 있어 보이게 제품을 포장하는 것이 가능합니다.

동일한 제품이라면 다음의 세 상품 중 어떤 제품이 가장 저렴해 보이나요?

제품을 구매할 때에는 가격도 중요하지만 상품 평, 배송 기간, 추가 혜택 등 고려할 게 많습니다. 가격 책정 부분만 놓고 말할 때 좋은 가격 정책은 바로 가격 비교 자체가 어려운 가격입니다.

앞서 언급한 경쟁사 제품 중 블랙몬스터 상세페이지를 통해 가격 무력화 시도를 설명하도록 하겠습니다.

소비자 입장에서는 평범한 상세페이지처럼 보이지만 그 안에는 엄청난 마케팅 기법이 적용되어 있습니다.

그림에 보이는 샤워젤을 할인해서 18,900원에 판매를 하고 2개 구매하면 40% 할인혜택에 샤워볼을 추가 증정한다는 내용입니다.

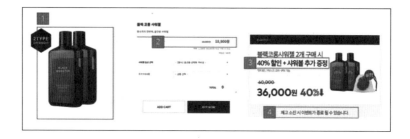

얼핏 보기에는 2개가 18,900원인 것 같지만 실은 두 가지 타입이 있다는 것이고, 한 개 가격이 18,900원입니다. 그리고 두개 구매하면 40% 할인해서 36,000원인데 자세히 보고 계산하면 뭔가 이상합니다.

(18,900원 × 2 =37,800원)으로 5% 할인된 가격이 36,000원입니다.

자세히 보면 정상가 × 2개 가격의 40%할인이란 의미이지만, 얼핏 보면 할인된 가격에서 추가로 할인되는 것처럼 느낄 수 있게 표기를 한 것입니다. 나아가 가격 비교 자체를 무력화하기 위해 '샤워볼 추가 증정'이란 문구와 이미지를 추가해 소비자의 생각을 분산시키고,

마케트릭스MARKETRIX ○

단순히 '2개 사면 이득이겠구나!'를 강하게 각인시킵니다. 마지막으로 샤워볼 사은품은 '재고 소진 시 종료될 수 있다.'라는 메시지로 빠른 구매 욕구를 자극하여 가격 비교 시도 자체를 원천 봉쇄합니다.

'이렇게 하면 안 되는 거 아닌가!'라고 생각하는 사람들이 있을 수 있겠습니다. 마케팅에 정도라는 건 없지만 이런 노력은 마케터에게 필수 아닐까요?

가격 비교를 무력화할 수 있는 스킬 중 흔하게 사용되는 기법은 다음과 같습니다.

제품의 이미지를 통해 크기와 개수를 줄이거나 늘리는 효과가 있고, 배송비 유무 및 기타 패키지 구성을 조합해서 가격비교 자체가 불가능해 궁극적으로 가격비교를 하지 않도록 유도하는 게 가능합니다.

복합기능으로 가격 경쟁력 갖추기

때로는 복합기능으로 가격을 저렴하게 느끼게 할 수 있습니다.

출처 네이버쇼핑

아이들의 성장 과정을 보면 처음에는 유모차를 이용하다가 자전거를 이용하지요. 위 제품은 유모차나 자전거 단품보다는 비싸지만 둘을 합친 가격보다는 저렴하다고 하면서 복합기능을 강조해 가격 경쟁력이 있는 것처럼 홍보할 수 있습니다.

다음 플레이스테이션 제품은 어떨까요?

DVD 플레이어나 게임기보다는 비싸지만 둘을 합친 것보다 싼 제품이 되는 겁니다. 그리고 이 외의 또 다른 명분을 주기도 합니다. 내심 게임을 하기 위한 목적이지만 DVD 플레이어 기능이 있어 가족에게 구매 합의를 구하기(?)가 매우 수월합니다.

"이걸로 영화 DVD 보자! 우리 가족 여행 가서 찍은 거 보자!" (마음 속에는 FIFA 게임) 등으로 말입니다.

명분 전략으로 가격 경쟁력 갖추기

앞의 플레이스테이션처럼 명분이 있으면 가격이 무력화됩니다.

출처 블랙스테이션 홈페이지

명분은 제품의 가격을 저렴하게 보이게 하는 효과를 냅니다.

출처 네이버쇼핑

블랙몬스터 광고문구를 살펴볼까요? 가격이 비싸 보이지만 이미지로 마치 2개에 18,900원인 것처럼 표현함과 동시에 5 in 1을 강조하여, 다른 것들을 따로 안 사도 이거 하나로 해결이 가능한 다용도라며 비싼 느낌이 들지 않도록 광고하고 있습니다.

아이들이 먹는 과자에도 예외는 없습니다.

자녀가 3세가 넘어가면 소비의 결정권이 아이에게로 넘어갑니다. 맛과 상관없이 '뽀로로'를 외치게 되어 있습니다. 부모로서는 매우 난감한 상황이 되죠. 이때 지갑을 여는 부모에게 명분을 줍니다. "칼륨, 철분, 비타민이 함유되어 있습니다."라고요.

물론 과자에 이런 성분이 함유되어 있다고 해서 건강에 좋다고 생각하는 부모는 없습니다. 다만, 적어도 죄책감은 덜어 줄 수 있죠. "그래. 기왕이면 성분이 좋은 걸로 사자." 이렇게 자기위안을 하며 지갑을 열게 되는 겁니다.

고급화 전략으로 가격 경쟁력 갖추기

출처 네이버

'락앤락'은 초창기에 제품에 영어로만 표기를 해서 사람들에게 수입품으로 인식시켜 성공한 사례입니다. 물론 지금은 많은 사람이 한국 브랜드인 것을 알고 있지만 초창기만 해도 소비자들이 해외 유명 제품으로 인식했었습니다. 이런 전략이 현재에도 때로는 효과적입니다. 다만, 아주 철저히 전략적으로 해야 합니다. 단순히 포장만으로 되는 것이 아님을 명심해야 합니다.

출처 쿤달 홈페이지

'쿤달'이라는 제품이 있습니다. 수입품이 가득한 코스트코에서만 판매가 되었고 '쿤달KUNDAL'이라는 어색한 브랜드 어감에서도 국내 제품 같은 느낌을 주지 않습니다. 앞서 언급한 락앤락의 영문 폰트 및 디자인도 한국적인 감성이 아닌 해외에서 많이 본 듯한 디자인과 색감이었습니다. 쿤달은 '로레알'이나 '캉골' 같은 해외 브랜드의 어감과 유사하기도 합니다. 심지어 모두 영어로 표기되어 있고, 제품 뒷면의 표기 사항도 수입품인 것처럼 별도로 한글 프린팅이 스티커로 부착되어 있습니다. 그런데 자세히 보면 대한민국 제품입니다.

출처 네이버 블로그

이국적인 어감과 함께 천연성분을 강조해서 마치 호주산을 연상시키고, 제품 포장도 수입품처럼 한글본을 추가로 붙여 만들었으며, 여기에 더해 수입품이 많은 코스트코에서만 판매해서 입지를 확대하고 있습니다.

이제 정리하겠습니다.

마케트릭스MARKETRIX ○

이와 같이 가격 정책, 패키지 전략, 명분 전략 등을 혼합해서 향을 강조한 샤워젤을 기획한다면 어떨까요?

이런 스토리 라인으로 제품의 상세페이지를 디자인하면 되겠습니다.

이제 제품을 기획해서 세일즈 포인트를 잡는 방법이 조금씩 감이 잡히나요?

☑ 썸트렌드를 통해 세일즈 포인트를 유추할 수 있다.

☑ 소비자의 검색 플로차트는 본인이 직접 원하는 분야의 대분류 검색어부터 실제로 검색을 해 보고 정보를 캐면서 추가로 검색하고 정보를 찾는 모든 과정을 도식화하는 것이다.

☑ 플로차트 만들기 기본원칙

> **1** 검색 흐름대로 써내려 가기
>
> **2** 검색어의 특성 및 대 > 중 > 소 이해하기
>
> **3** 가지치기=큰 줄기를 이해하기

☑ 플로차트 상 끝부분에 수렴되는 상품의 쇼핑몰, 블로그 리뷰 검색, 네이버 광고 시스템에서 연관검색어 중 눈에 띄는 키워드를 통해 고객의 니즈 파악이 가능하다.

☑ 소비자가 원하는 것들과 실제로 해당 산업 또는 제품에서의 경쟁사 제품을 놓고 비교하면 고객의 니즈는 있는데 아직 시장에 없거나 경쟁이 약한 블루오션이 파악된다.
 - 경쟁사 제품을 목록화한 후 꼭, 그림으로 도식화를 해야 기회시장이 보인다

☑ 타깃을 매우 구체적으로 설정 〉 충성도(로열티)를 확보 〉 상품군을 확대하는 전략으로 비즈니스 확장이 가능하다.

☑ 가격을 경쟁사보다 저렴하게 하는 것보다는 가격 비교를 무력화시키는 전략이 좀 더 효과적이다.

☑ 가격 경쟁력을 갖추는 방법

1) 복합 기능 전략

2) 명분 전략

3) 고급화 전략

PART 5

바이럴 마케팅

정보 탐색 과정에 개입하기

최근까지 소비자는 포털사이트 검색을 통해서 정보 탐색을 시작하고 최종적으로 구매를 결정해 왔습니다. 바이럴 마케팅Viral Marketing은 여러 형태가 있지만 '온라인 고객의 검색 플로우Flow 상에 인위적으로 개입해서 정보를 제공하고 내가 원하는 행위(구매)를 유도하는 방법'이라고 정의하겠습니다.

고객이 정보를 탐색해서 구매까지 가는 과정은 아래와 같이 정리할 수 있습니다.

즉, 고객은 정보를 1차로 탐색하자마자 바로 구매하지 않고 중간에

여러 단계를 거칩니다. 이때 우리가 원하는 단계로 유도하는 마케팅을 기획해야 합니다. 일부 바이럴 마케팅이라고 하면 블로그나 카페 글을 통해 내 제품을 홍보하는 것으로 끝나는 경우가 많습니다. 예를 들어, '남자들에게 어떤 샤워젤이 좋을까?'가 궁금해서 '남자 샤워젤 추천'으로 1차 검색을 했는데, 그냥 다짜고짜 '우리 제품이 좋아요. 우리 제품 사세요.'라고 한다면 바로 구매로 이루어질까요? 한 가지 명심해야 할 것은 내 제품의 타깃에게만 설득력 있는 메시지(세일즈 포인트)를 던져도 전혀 문제없다는 점입니다. 모든 소비자를 만족시킬 필요는 없다는 의미죠.

예를 들어 샤워젤을 그냥 세정 목적으로만 생각하는 남자에 향을 강조해 봤자 의미가 없습니다. 많은 사람이 향을 중요하게 생각하는 것이지 모든 사람이 향을 우선시한다는 얘기는 아니기 때문입니다. 향을 중요하게 생각하는 사람들을 우리가 원하는 플로우로 이끌어 최종적으로 우리 사이트로 오게끔 하면 됩니다.

1차 정보 탐색 과정

굉장히 포괄적으로 검색하는 단계입니다. 예를 들어 '남성 샤워젤' 또는 '남성 샤워젤 추천' 같은 키워드입니다. 사용자의 목적은 무엇일까요? 어떤 제품이 있고 각 제품의 특징은 무엇인지 알아보는 검색 과정입니다. 여기서는 다양한 제품과 각 제품의 특징을 언급하되, 우리의 제품도 중간에 포함시키며 향을 강조함과 동시에 최근에 나온 제품 중 뜨는 제품이라고 언급해 준다면 두 가지 효과가 있습니다.

1) 같이 언급한 제품과 동급의 제품으로 인지되는 효과
2) 향을 언급하면서 우리의 제품도 향에 특화된 제품이라고 언급하여 제품 경쟁력, 강점을 어필할 수 있는 효과

이렇게 하면 향을 중시하는 소비자는 관심을 갖고 우리의 제품 OOO를 검색하게 됩니다(2차 정보 탐색).

2차 정보 탐색 과정

고객은 1차 정보 탐색 과정을 통해 OOO를 검색해서 사람들의 평을 봅니다(2차 정보 탐색). 그런데 모든 평이 향에 대한 내용으로 가득 차 있다면 호기심을 넘어 깊은 관심을 갖게 됩니다. 그다음은 어떤 과정을 거칠까요? 당연히 해당 사이트 방문으로 유도가 됩니다.

3차 사이트 방문

향에 대한 기대감을 가지고 사이트를 방문했더니 달콤한 향기가 가득 찬(여성 타깃) 또는 쿨 향이 날 것 같은 시원한 느낌(남성 타깃)의 디자인으로 사이트가 꾸며져 있다면?

4차 검토(고민)

마지막으로 제품의 상세페이지를 왔다 갔다가 하면서 살지 말지를 고민합니다. 그때 많이 참조하는 것이 구매평입니다. 평점도 당연히 보겠죠. 소비자가 원하는 것은 향이 정말 좋은지를 아는 것인데 구매평이 그런 내용으로 도배가 되어 있다면? 게다가 '피부도 매우 보슬보슬해졌다.'라는 내용이 있다면?

5차 구매 결정

그런 와중에 상세 설명 또는 사이트 배너에 '선착순 할인쿠폰' 또는 '선착순 구매 사은품'이라는 내용이 있다면 소비자는 구매 결정으로 가게 됩니다.

이처럼 바이럴 마케팅은 길을 터주는 작업이라고 합니다. 따라서 거꾸로 준비해야 합니다.

1. 할인쿠폰을 기획하고(당연히 제품의 가격 정책, 패키지 구성도 되어 있어야 합니다.)

2. 제품의 구매평은 무조건 만드세요.

- 사전에 서포터즈, 체험단을 운영하든지 어떤 방법을 써서라도 구매평은 있어야 합니다. 4단계까지 왔는데 구매평이 없다면 절대 5단계(구매)로 이어지지 않습니다.

- 체험단을 모집해서 구매평을 쓰게 한다면 구매평 가이드를 주는 게 좋습니다. 향이 좋다. 또는 샤워젤을 바꾸니 주변 사람들이 나에게서 향긋한 냄새가 난다고 한다 등 세일즈 포인트와 관련해서 구체적인 가이드를 주는 게 좋습니다.

3. 사이트는 당연히 타깃에 맞는 향을 느낄 수 있게 디자인해야 합니다.

4. 1, 2차 정보 탐색을 위한 블로그, 카페 영역에 대한 상위 노출을 진행합니다.

- 1차 정보 탐색에는 객관적인 정보를 줌과 동시에 우리 제품의 특징을 강조해서 끼워 넣기

- 2차 정보 탐색에는 세일즈 포인트를 집요하게 강조하기. 이때 감성적인 표현을 써야지 이성적인 표현으로 분석하는 글은 추천하지 않습니다.

이렇게 모든 준비가 끝났다면 이제 수문을 열어 주면 됩니다. 바로 광고를 하면 되지요. 이 모든 준비가 끝났을 때 SNS 등을 활용한 광고를 진행하면 소비자가 우리가 원하는 플로우로 이동하고 구매하는 놀라운 결과를 경험하게 될 것입니다.

구매 패러다임은 다음과 같이 변화했습니다. 온라인과 오프라인의 구분이 모호해지는 시기에 평상시처럼 모바일 검색을 하다가 갑자기 구매하게 되는 경우가 많아졌습니다.

그래서 앞서 설명했던 구매 플로우가 다음과 같이 변화하고 있습니다.

바이럴 마케팅

그럼에도 불구하고 이런 구매 플로우에도 바이럴 마케팅은 필요합니다. 바이럴 마케팅은 기본 중에 기본입니다.

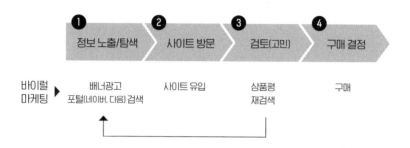

여기서 중요한 것은 구매 검토(고민)를 쇼핑 콘텐츠(상세페이지)와 구매평이 대체한다는 사실입니다. 제품 설명을 위한 브로셔, 상세페이지는 우리가 원하는 타깃에 맞게 세일즈 포인트를 자세히, 매력 있게 기획해야 합니다. 남들과 비슷한 내용은 구매 결정을 이끌어 내지 못합니다. 적어도 우리 제품은 이렇다! 라는 내용이 꼭 있어야 합니다. 이 부분의 중요성은 책 후반부 '체류 시간' 부분에서 한 번 더 강조하겠습니다.

마케팅 매트릭스,
마케트릭스

지금까지 시장 분석을 통해 어떻게 마케팅 전략을 세워야 하는지 보았습니다.

정리를 하면 다음과 같습니다.

네이버 컬렉션, 검색량을 보고 정량적, 정성적 분석과 함께 경쟁사를 목록화하고 그림을 그려 우리 제품/서비스의 포지션을 정합니다. 그다음 가격 정책, 패키지, 프로모션 전략과 함께 우리의 세일즈 포인트를 뽑아 전체적인 시나리오를 작성합니다. 해당 시나리오를 모든 곳(홈페이지, 사이트, 브로셔, 제품 등)에 메시지로 담고 고객 플로우 상에 바이럴 마케팅을 선 집행한 다음, 전면 마케팅(SNS광고 등)을 진행하면 됩니다. 이것이 바로 마케팅을 체계적으로 계획하고 짜며 실행하는 마케팅 매트릭스Marketing+Matrix, 즉 마케트릭스Marketrix입니다. 전체적인 마케트릭스를 숙지하였다면 부가적으로 보너스 마케팅 법칙도 알아 보겠습니다.

☑ 바이럴 마케팅은 소비자의 정보 탐색 과정에 개입해서 내가 원하는 목적지로 길을 터 주는 작업이며, 바이럴 마케팅의 효과를 보기 위해서는 역순으로 마케팅을 준비해야 한다.

☑ 정보 탐색 과정에서 소비자가 필요한 정보와 함께 내 서비스, 제품을 동시에 자연스럽게 소개하고 우리의 핵심 세일즈 포인트를 강조한다.

예시) '샤워젤 추천' 검색 시 다양한 샤워젤의 장단점을 나열하면서 우리 제품도 같이 추천하고 세일
즈 포인트를 강조

☑ 구매 패러다임이 변했으므로 바이럴 마케팅 전략도 필요에 따라 수정한다.

☑ 마케팅 매트릭스, 마케트릭스

PART 6

구매율을 높이는 핵심 전략

체류 시간을
최대한 활용하라

이 부분은 마케팅 삼위일체(브랜딩, 제품, 타깃)와 함께 매우 중요한 마케팅 법칙입니다. 먼저 질문을 하나 하겠습니다. '쿠팡'을 포함한 소셜커머스는 처음에 인터넷 최저가를 표방하며 시장에 진출했습니다.

Question
'쿠팡'이 정말 인터넷 최저가입니까?

이제는 대부분이 '아니다.'라고 대답을 합니다. 그럼에도 많은 사람이 쿠팡을 이용합니다. 그래서 다시 물어봅니다. 최저가가 아님에도 쿠팡을 이용하는 이유가 무엇인가요? 물어보면 많은 사람이 '로켓배송'을 애기합니다. 여기에 바로 마케팅의 핵심 전략, 체류 시간이 숨어 있습니다.

"시간은 금이다."

많은 사람이 들어본 속담입니다. 근데 진짜 금일까요? 아닌데 왜 선조들은 금처럼 귀하다고 여겼을까요?

컴퓨터가 0과 1 두 개의 숫자로 알고리즘을 짜고 회로를 설계하듯, 인간은 하나님이 X, Y 두 염색체로 창조하셨습니다. 하나님이 창조한 사람 안에 수없이 많은 알고리즘이 존재하겠죠. 그중에 '시간은 금이다.' 또는 아주 소중하다는 알고리즘이 있다고 확신합니다.

예를 들면 5만 원대 블루투스 이어폰을 사기 위해 같은 제품을 놓고 여러 사이트 창을 띄우고 배송비와 각종 혜택을 비교해 가며 이것저것 비교하다가 약 30분만에 2천 원정도 저렴하게 구매했을 때 여러분은 어떤 기분이 들었나요? '와… 2천 원 이득 봤어!'인가요? 아니면 '2천 원 싸게 사려고 30분 동안 뭐했지?'라고 생각하나요?. 경제학에서는 이를 기회비용이라고 합니다. 그 시간에 다른 것을 했다면 더 생산적이었을 것이라는 애기죠. 즉, 시간은 금입니다.

이를 소비자, 마케팅 관점에서 풀이하면 "시간을 쓰게 만드는 것은 소비자로 하여금 돈을 쓰게 만드는 것과 똑같다."입니다.

과연 이것이 로켓배송과 무슨 상관이 있을까요?

바로 배송 시간을 줄여 줌으로써 소비자로 하여금 돈을 안 쓰게 만든 효과가 있다는 것입니다. 시간을 덜 쓰게 만들면 소비자는 그만큼 돈을 절약하기 때문에 '저렴하다!' 또는 '이득이 된다.'라고 생각하게 됩니다.

우리 제품, 서비스에 시간을 쓰게 하라! 이케아IKEA

보상 심리라는 게 있습니다. 손해를 안 보려고 하는 소비자의 심리지요. 내가 특정 상품, 서비스에 시간을 소비했는데 아무런 이득을 보지 못했다면 소비자는 매우 허탈한 상황에 놓이게 됩니다. 그래서 뭐라도 하나 결과(보상)를 만들려는 심리가 작용을 하죠.

'이케아'의 경우, 넓은 곳을 다리가 아플 정도로 걷고 보게 만듭니다. 하지만 덩치가 큰 제품을 구매하겠다고 결정하기란 쉽지 않죠. 그래서 긴 여정의 마지막 부분에 식료품 또는 소품(인형 포함)을 진열합니다. 소비자는 이렇게 생각합니다. '여기까지 와서 이렇게 시간을 썼는데 빈손으로 갈 순 없지.' 이케아는 말합니다. "여기 와서 맛있는 음식 즐기세요." 또는 "인형 하나 사 가세요. 기념이잖아요!"

시간을 쓰게 만드세요. 구매가 따라옵니다.

그렇다면 체류 시간을 증대하는 3가지 방법에 대해서 알아볼까요?

홈페이지 첫 페이지,
상세페이지에서
체류시간 증대
+
페이지간 연동

첫번째 방법. 고객의 검색 플로우 상에서 체류 시간을 증대하는 방법

앞서 설명 드린 대로 바이럴 마케팅을 통해 우리 제품을 웹상에서 정보 탐색 과정을 통해 소비하게 만드는 것입니다. 만약 이를 통해 우리 홈페이지나 매장을 방문했다면 이 소비자는 이미 시간을 많이 소비한 상태이니 그만큼 구매 확률이 높아집니다. 게다가 홈페이지에서 체류 시간도 증대시킨다면 구매전환율이 매우 높아질 것입니다. 추가적으로 이런 고객을 놓치지 않기 위해 미끼 전략/제품도 추가하면 더욱 좋겠습니다.

두번째 방법. SNS 콘텐츠에서 체류 시간 증대

좋은 SNS 소재는 재밌고 공유하고 싶은 콘텐츠보다는 타깃이 관심 있어 할 내용이어야 합니다. 타깃이 관심 있어 할 내용에 재미까지 더한다면 좋겠지만 재미가 필수조건은 아닙니다.

일본 브랜드인데 우리나라에서 초반에 돌풍을 일으킨 제품이 있습니다. 바로 '발뮤다' 공기청정기입니다. 발뮤다의 동영상

콘텐츠는 아주 단순합니다. [출처 : https://youtu.be/qMxFYvlJ8rc]

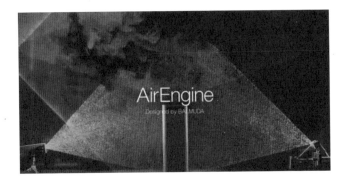

발뮤다 공기청정기 '에어엔진AirEngine'을 전면에 내세우며 공기가 가득한 실내를 보여 줍니다.

그리고 에어엔진이 작동함과 동시에 위로 공기가 힘있게 치솟으며 주변 공기가 회오리치는 영상이 이어집니다. 영상에서 강력함이 그대로 느껴집니다.

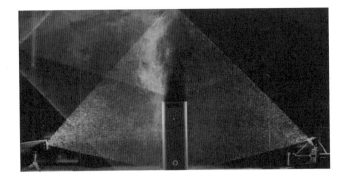

마케트릭스MARKETRIX ○

정말 제트기 엔진처럼 정화된 공기를 위로 내뿜으며 동시에 미세먼지를 빨아들이는 영상이 압권입니다.

이후 에어엔진 사용 전과 후를 시각적으로 잘 보여 줍니다. 확연히 줄어든 미세먼지를 확인할 수 있죠.

마지막으로 깨끗해진 방이 사라지고, 다시 한번 에어엔진이 강조됩니다.

공기청정기의 세일즈 포인트는 무엇일까요? 당연히 미세먼지 정화

능력이죠. 미세먼지를 잘 정화하려면 오염된 공기를 빨아들여서 정화된 공기를 분출해야 합니다. 엔진의 힘이 좋다는 것은 넓은 면적을 빠르게 정화시킨다는 얘기이고, 발뮤다는 내부 모터가 강력함을 영상으로 심플하게 어필한 것입니다.

마케팅 삼위일체도 완벽합니다. 빠르고 강력하게 공기 청정을 원하는 타깃 대상으로, 강한 엔진으로 미세먼지를 정화시킨다는 세일즈 포인트를, 에어 엔진이라는 브랜딩과 일치해서 어필합니다.

공기청정기를 사려는 사람에게 이만큼 효과적인 영상이 없습니다. 공기청정기 구매를 앞둔 입장에서는 영상을 끝까지 볼 수밖에 없는 것이지요. 굳이 설명을 넣을 필요도 없습니다. 브랜드명이 에어 엔진이고, 엔진처럼 강력하게 공기 정화를 해 주는 것을 영상으로 보여 주니, 열 번의 말보다 더 효과적일 수밖에 없죠.

이런 마케팅을 발뮤다가 아주 잘해서 한국에서 소위 대박을 쳤습니다. 한때는 발뮤다 매출의 약 30%가 한국에서 나올 정도였습니다. 샤오미가 발뮤다를 벤치마킹해서 가격 경쟁력으로 경쟁하기 전까지 말이죠. 하지만 발뮤다는 그 이후 품질을 앞세워 샤오미와 경쟁하며 브랜드 로열티를 높이고 마니아층을 확보하고 있습니다.

세번째 방법. 홈페이지 또는 상세페이지에서 체류 시간 늘리기

시간을 소비하게 만든다는 것은 여러분이 생각하는 것보다 훨씬 효과적이고 마법과 같은 전략입니다.

남자들이 많이 아는 쇼핑몰로, '칸투칸(www.kantukan.co.kr)'이
있습니다.

KANTUKAN

일단 사진이 고 퀄러티입니다. 근데 뭔가 약간 이상(?)합니다. 한편
으로는 솔직해 보이면서 또 한편으로는 소위 말해 '똘끼 충만'한
컨셉으로 상품의 특징을 잘 표현합니다. 예를 들면, 바지의 신축성을
아래와 같이 외국 모델이 온 힘을 다해 당기고 있거나 정장 바지를 입고
넛들어지게 폼을 잡는 대신 태권도를 합니다.

워딩은 어떨까요? 정말 직설적인 표현을 과감하게 활용합니다.

출처 kantukan.co.kr

처음에는 살 생각이 전혀 없지만 그저 상품 설명이 웃기고 재밌어서, 다시 말해 너무 독특해서 자꾸 이것저것 클릭을 하게 됩니다. 그러다 보면 시간이 하염없이 지나가 버리죠. 필자도 저랑 정말 안 맞을 것 같았던 칸투칸에서 구두 하나와 치약을 구매하게 되었습니다. '시간을 쓰게 하라.'는 정말 대단한 마법과 같은 전략입니다.

커피와 같이 전문적이고, 마니아층을 대상으로 많은 정보를 담고 있을 때에는 각 페이지에 조금씩 정보를 줘서, 소비자가 자연스럽게 서핑을 하게 만드는 것도 방법입니다. 물론, 너무 난해하거나 제공하는 정보가 많으면 시간을 쓰게 만드는 대신 즉시 이탈하게 만들기 때문에 콘텐츠 구성에 시간을 많이 투자해야 합니다.

[커피 쇼핑몰 UX기획 예시]

중요한 링크에 '예시 그림'을 누르면 자세한 내용으로 간다는 문구가 꼭 있어야 함
— 예시) 아래 각 이미지 클릭하시면 더 자세한 경우가 있습니다.
또는, 이미지로 클릭하면 더 자세한 내용이 있다는 암시해도 됨

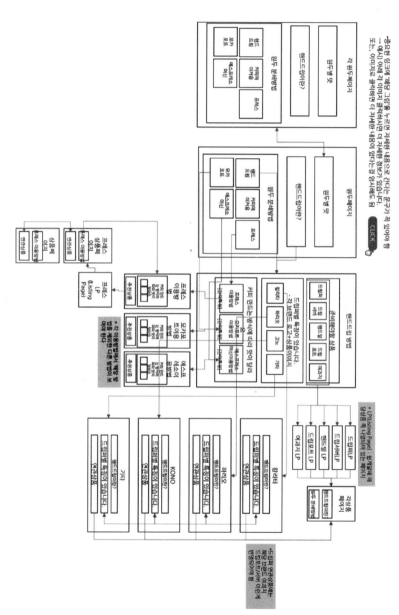

● 구매율을 높이는 핵심 전략

147

PART 6 구매율을 높이는 핵심 전략

☑ 인간 내면의 알고리즘 '시간은 금이다.'를 활용하라.

☑ 시간이라는 돈을 사용하게 만들면 보상 심리가 생겨 구매율이 높아진다. 반면에 시간을
  단축시켜 주면 가격이 저렴하다고 느낀다.

☑ 체류 시간을 늘리는 세 가지 방법

네이버 검색에서 체류시간 증대	SNS 컨텐츠에서 체류시간 증대	홈페이지 첫 페이지, 상세페이지에서 체류시간 증대 + 페이지간 연동

PART 7

사업의 본질 이해하기

관찰을 통해 핵심을 파악하는 방법

일상생활에서 사업의 본질 또는 핵심을 쉽게 파악할 수 있는 방법이 있습니다. 첫 번째로는 관찰이 있고, 두 번째로는 시나리오를 그려 보는 것입니다. 두번째 시나리오는 선택에 따라 어떤 상황이 벌어지는지를 예측해 보면 보다 쉽게 핵심을 파악할 수 있습니다.

종잣돈을 모아서 '카페 하나 해 볼까?'라는 생각을 합니다. 과연 여러분의 카페는 어떤 것을 경쟁력으로 삼고 투자하시겠습니까?

마케트릭스MARKETRIX ○

152

카페 사업의 핵심은 무엇일까요?

다음 사항에서 선택해 보시겠어요?

1)인테리어 2)가격 3)입지 조건 4)커피 맛 5)친절한 태도(직원
서비스)

책에서 언급하기에는 다소 적절치 않을 수 있지만 모 커피 프랜
차이즈에 가는 사람이 있냐고 물으면, 사람들 대부분이 안 간다고
합니다. 왜 안 가느냐고 물으면 대부분이 "맛이 없어요."라는 대답을
합니다. 두 번째로 '스타벅스'는 왜 가느냐고 물으면, 분위기, 인테리어
때문이라고 합니다. 그래서 또 묻습니다. "스타벅스 인테리어가 좋다
고요? 소파, 의자가 편하던가요?" 그러면, 다들 조용해십니다.

많은 사람이 커피 사업은 인테리어, 입지 조건이 우선이라고
말합니다. 과연 그럴까요?

이제부터 관찰로 들어가 봅니다. 몇 가지 사실을 나열해 보겠
습니다. 조각을 모아봅시다.

1. '카페베네'는 인테리어가 매우 좋았다. 하지만 최근에는 보기
   어려워졌다.
2. 커피가 가진 기본 속성은 기호식품이다.
3. 주변에 많은 커피 전문점이 있다. 그중에 가장 많이 찾는 카페가
   가장 저렴한 가격인 것은 아니다.
4. 커피 광고를 보면 원두 또는 맛 얘기를 계속한다.

- 아라비카 원두, 콜롬비아 원두, 스페셜티 원두, 어쩌고 저쩌고 로스팅 등

5. '빽다방'도 처음 베트남 커피로 시작했다가 아라비카 원두로 탈바꿈했다.

결정적으로 최근에 대용량 아메리카노 프랜차이즈 중 업계 1위를 하고 있는 '메가커피'가 있습니다.

유사한 프랜차이즈가 많이 있는데 메가커피가 가지고 있는 차이점은 무엇일까요? 바로 맛입니다.

커피는 단지 기호식품인 것만은 아닙니다. 지금껏 커피 광고를 보면 모두 맛과 관련된 얘기를 합니다. 아무리 용량이 많아도 맛이 없으면 팔리지 않으며 주변에 우후죽순으로 카페가 생기고 매장이 작을지라도,

심지어 가격이 비싸더라도, 맛있는 커피를 판매하는 카페는 계속 자리를 잡고 있는 경우를 심심찮게 볼 수 있습니다. 카페 경영의 핵심은 맛입니다.

당신은 약사입니다. 2층에는 병원들이 입점해 있고요. 계단을 통해 1층으로 내려오면 내가 운영하는 약국과 함께 똑같은 규모의 약국이 바로 옆에 있습니다. 당신이라면 이 경쟁 속에서 어떤 전략을 내세우겠 습니까? 다시 말해 약국 사업의 핵심은 무엇일까요?

사업의 본질 이해하기

입지 조건도 똑같고 가격도 똑같고 심지어 인테리어도 비슷하다고 합시다. 여러분이라면 둘 중 어떤 약국을 선택하겠습니까?

이런 상황에서 약국에 들어가자마자 약사와 환자의 1:1 대면이 이루어집니다. 마케팅적인 시각으로 봤을 때 약국은 서비스업입니다.

이런 경험들 없나요?

1. 약국에서 어느 순간 비타민을 주기 시작했다.
2. 약사가 약 설명도 제대로 안 해 주고 말도 잘 안 해 준다. 다시는 안 간다.
3. 이 약국은 내가 예전에도 온 걸 기억해 주고 인사를 한다. 계속 이곳에 온다.
4. 친절하게 약 먹는 방법, 주의 사항을 설명해 주는 약국을 선호한다.

물론 처방전에 따라 약을 사기 때문에 가까운 곳을 선호하겠지만 불쾌했던 경험이 있는 약국은 일부러 안 가는 경우가 한 번쯤 있었으리라 생각합니다.

여러분이 약사라면 손님과 눈을 마주치고 미소 지으며 반갑게 맞아 주세요. 그것이면 족합니다. 아십니까? 웃으면서 환자를 맞이하는 약사를 의외로 찾기 어렵습니다.

시나리오 그려 봐서
핵심을 파악하는 방법

마지막으로 차량용 충전 거치대입니다. 우리는 선택의 기로에 서 있습니다.

해당 제품의 핵심 속성은 충전기일까요? 거치대일까요? 다시 말하면 충전 기능(속도)이 세일즈 포인트일까요? 아니면 거치대이기 때문에 디자인이 핵심 포인트일까요?

이제 시나리오를 그려 보도록 하죠. 플로차트와 비슷한 과정이라 생각하면 쉽습니다. 탐정처럼 연상을 해 봅시다.

1. 차량을 타고 있지 않은 상황(사무실, 집)에는 사용하지 않는다. 사무실, 집에서는 늘 고속 충전기가 있어서 충전이 원활하다.
2. 외근이 많은 영업직이라면 차를 많이 타고 다닌다. 차를 잠깐 타더라도 결국 사무실에 있는 동안 충전이 가능하다.
3. 운전을 오래해야 하는 상황이라면 오랜 시간 충전이 가능하다.

이렇게 예상되는 상황을 그려 보면 충전 속도가 크게 중요하지 않다는 것을 알게 됩니다. 차를 많이 타고 오랜 시간 충전을 할 수 있으며, 차를 적게 타면 충전 인프라가 있는 곳에 주로 있게 되기 때문이죠. 결정적으로 '차량용 충전기'로 검색을 하면 항상 '거치대'라는 단어가 따라붙어서 검색을 유도하거나 검색 결과에 나옵니다. 즉, 차량용 충전기는 거치대로서의 가치가 더 크다는 것이고, 결국 거치했을 때의 디자인이 매우 중요합니다.

PART 7 　**사업의 본질 이해하기**

☑ 평상시에 사업의 본질을 파악할 수 있는 방법 두 가지
　1) 관찰을 통해 핵심을 파악
　2) 시나리오를 그려 봐서 핵심을 파악

☑ 일상 생활에서 관찰을 잘하면 해당 사업의 흐름과 핵심 포인트를 파악할 수 있다. 변화에 주목하라.

PART 8

'기획자의 늪'에 빠지지 마라

필자가 회사에서 마케터들에게 가장 많이 사용하는 표현 중에 '기획자의 늪'이라는 것이 있습니다. 기획자가 너무 자신의 입장만 고려해서 시나리오를 만들어 가는 것을 빗대어 말한 것입니다.

1. 1,000포인트 받아가세요(선착순 100명), 배너 광고
2. 1,000포인트를 받아가는 화면 밑에 특가상품을 노출한다.
3. 특가상품 매출이 늘어날 것이다.

얼핏 보면 맞는 합리적인 시나리오인 듯하지만 1번 1,000포인트를 클릭하는 사람은 포인트 적립이 주 목적입니다. 물론 포인트가 구매와 연관되어 있지만 이 또한 기획자의 늪입니다. 이처럼 검증 되지 않은 가설이 자꾸 개입되는 현상을 기획자의 늪이라고 합니다.

마케터는 아주 심플하게 생각해야 합니다. 포인트를 갖는 게 목적인 사람들은 포인트만 받고 해당 페이지를 이탈할 확률이 높습니다. 페이지 방문 수가 많으면 당연히 구매도 높아지겠지만 철저하게 손익을 따져야 합니다.

[포인트 행사 전]

하루 1,000명 방문. 10명 구매(구매전환율 1%)

객단가 10만 원, 10건 구매, 매출 이익률 5% = 매출 이익 50,000원/일

[포인트 행사 후]

하루 1,500명 방문, 12명 구매 (구매전환율 0.8%)

객단가 10만원, 12건구매, 매출이익률 5% = 60,000원/일

60,000원 - 100,000원(포인트 비: 100명 X 1,000원) = -40,000원

매출이 20% 올랐다고 좋아할 문제가 아닙니다.

가장 많이 실수하는 경우로 '이 페이지를 자신의 SNS에 공유하고, 해당 링크를 통해 들어와 구매가 이뤄지면 0.1%를 적립해 준다.'라는 형태의 이벤트가 있습니다. 물론 현재 일부 쇼핑몰에서 이런 이벤트를 파트너스 프로그램 형태로 운영은 하고 있지만 성공하기 매우 어려운 형태입니다. 어뷰징(매출 조작)으로 매출이 나올 수는 있습니다. 그러나 이는 자연스러운 현상이 아니겠죠?

일단, 고객 입장에서 허들이 4개나 존재합니다. 1) SNS에 공유를 해야 하고, 2) 친구가 해당 제품을 봐야 하며, 3) 심지어 친구가 그 링크를 클릭해야 하고, 4) 링크 내 제품을 구매해야 합니다. 점점 늪에 빠져드는 느낌입니다. 너무 쉽게 생각할 문제가 아닙니다.

"당신이라면 이것을 SNS에 공유하겠습니까?"라는 본질적인 질문부터 해야 합니다. 단순하게 'SNS에 공유만 해도 0.1%를 적립받을 수 있으니까 많은 사람이 SNS에 공유할 것이고 그러면 방문자가 늘어나고 매출도 늘어날 것이다.'라고 상상을 하면 안 됩니다.

그렇다면 기획자가 경계해야 할 기획자의 늪에서 빠져나오는 방법은

과연 무엇일까요? 아주 간단합니다. 기획자 자신도 하고 싶을 정도로 매력 있게 기획하면 됩니다. 내가 먹어도 맛있는 음식을 만들어야 소비자들이 만족하듯, 마케팅 기획도 마찬가지입니다. 나 같아도 참여할 의향이 생긴다면, 그것이야말로 좋은 기획입니다.

PART 8 '기획자의 늪'에 빠지지 마라

☑ 나는 내가 만든 마케팅 시나리오대로 행동할 것인가를 두고 판단하고 점검하면 기획자의 늪에서 자유로울 수 있다.

PART 9

2:8 법칙에서 핵심 포인트

2:8 법칙의 핵심을 말하기에 앞서 강조하는데, 마케팅 법칙 단 한 개만을 가지고서 모든 것에 적용하면 절대 효과적인 마케팅을 하지 못합니다. 모든 게 복잡하게 엮여 있기 때문에 각 마케팅 요소의 핵심을 파악하고 이 모든 걸 결합해 전체 그림Matrix을 그릴 줄 알아야 진정한 마케터가 될 수 있음을 다시 한번 강조합니다.

2:8 법칙이란?

전체 상품이 100개라고 가정할 때, 그중 20개 제품이 전체 매출의 80%를 한다는 얘기입니다.

쉽게 말해 20%의 인기상품이 전체 매출의 80%를 차지하고, 80% 제품이 나머지 20% 매출을 차지한다는 의미입니다.

"그렇다면, 20%의 제품만 전시해서 팔면 효과적일까요?"

2:8 법칙의 핵심은 바로 8에 있습니다. 80%의 제품이 있어야만, 나머지 20%의 제품이 매출의 80%를 발생시키는 것입니다. 예를 들어 A라는 제품을 팔기 위해서는 들러리로 B~Z까지 같이 진열을 해 놔야 한다는 얘기입니다. 이를 달리 표현하면, 구색을 갖춰야 잘 팔린다는 말입니다.

"그렇다면 8이 있어야 하는 또 다른 이유가 있나요?"

바로 앞서 설명했던 시간의 법칙, 체류 시간을 확보하기 위함입니다. 찾아온 고객들이 (체류)시간을 소비하도록 하여 구매전환율을 높이고자 하는 전략이지요. 만약 잘 팔리는 TV 2대, 냉장고 2대, 세탁기 2대,

청소기 2대 이렇게 진열한다고 가정할 때, TV를 살 사람은 볼 게 2개밖에 없습니다. 2개 보는 데 시간이 오래 걸리진 않죠. 근데 딱 2개만 보고 살지 말지를 결정해야 합니다. 여러분 같으면 그렇게 짧게 시간을 소비한 후 구매 결정을 하실 수 있으신가요?

이케아에서는 같은 종류의 제품을 다양하게 펼쳐 놓는 대신 편집샵만 죽 나열되어 있음에도 구매가 일어나는 이유는 바로 '넓은 매장' 때문입니다. 체류 시간이 짧을래야 짧을 수가 없지요. 그래서 이케아가 새로운 시장 진출 시 가장 중요하게 보는 핵심 요소가 넓은 매장을 열 수 있는 장소입니다.

실제 사례

여러 제품을 나열했을 때 사람들은 한 제품만 보지 않고 다른 비슷한 제품과 이것저것 비교를 하다가 결국 무난한 베스트 셀링 제품을 삽니다. 그런데 만약 비교할 대상이 없이 각 카테고리별로 잘나가는 제품들만 모아 놓고 전시판매를 한다면 어떻게 될까요? 결론은 바로 다른 쇼핑몰로 이동 또는 이탈합니다.

다시 말해, 체류시간을 담보할 수 없고 들러리를 서는 8또한 없으면 그 쇼핑몰은 방문자수가 아무리 많아도 매출이 나올 수 없습니다.

현대백화점 판교점은 의리의리한 크기로 눈길을 끕니다. 또한 세일즈 마케팅의 끝판 결정체입니다.

현대백화점 판교점의 핵심 전략

1. 체류 시간 확보를 위해 문화센터 및 식품관을 비상식적으로 크게 만들었습니다. 먹고 나면 뭐 하겠습니다. 소화시킬 겸 돌아다니겠지요.

2. 크고 넓은 매장

   이케아와 비슷하게 체류시간을 짧게 쓸 수가 없습니다. 오래 머물 수밖에 없는 구조입니다. 심지어 주차장에서 출차할 때도 막히기 때문에 매장에 더 오래 있게 만드는 구조입니다.

3. 넓은 매장에 다양한 브랜드 제품 전시

   체류 시간이 확보되니 2:8법칙을 충분히 활용할 수 있습니다.

이렇게 하면 방문자의 구매율(구매전환율)은 세일을 하든 안 하든 올라가게 되어 있습니다.

마케트릭스 MARKETRIX ○

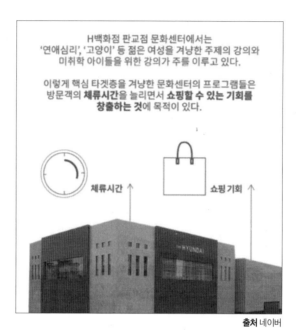

H백화점 판교점 문화센터에서는
'연애심리', '고양이' 등 젊은 여성을 겨냥한 주제의 강의와
미취학 아이들을 위한 강의가 주를 이루고 있다.

이렇게 핵심 타겟층을 겨냥한 문화센터의 프로그램들은
방문객의 **체류시간**을 늘리면서 **쇼핑할 수 있는 기회를
창출하는 것**에 목적이 있다.

체류시간 ↑　　　쇼핑 기회 ↑

출처 네이버

PART 9　　2:8 법칙

☑ 2:8 법칙이란? 전체 상품이 100개라고 가정할 때, 그중 20개 제품이 전체 매출의 80%를 차지한다는 뜻이다.

☑ 판매가 잘되는 20%를 만들기 위해서는 80%가 필수적이다. 80%의 제품으로 고객이 시간을 소비하게 만들 때 20%의 제품에서 80%의 매출이 발생한다.

☑ 체류 시간은 곧 구매전환율(구매할 가능성)의 상승과 관련이 깊다.

PART 10

코스트코의 특별한
멤버십 비즈니스 모델

베스트 딜best deals을 지향하는 코스트코Costco의 경영 전략에는
어떠한 비결이 숨어 있을까요?

대부분의 할인마트는 다음과 같은 유통구조입니다.

1. 대량으로 상품을 매입해서 단가를 낮추고

2. 서비스를 강화하여 (포인트카드, 서비스 직원 강화 등)

3. 고객을 유입시켜 매출을 높인다

즉, 일반적인 할인마트는 유통 마진이 수익입니다. 100원에
구입해서 120원에 팔면 20원이 수익이 되는 단순한 구조지요.
이렇게 되면 이런 유통 전략을 취해야 합니다.

마케트릭스 MARKETRIX ○

1. 고객의 다양한 니즈를 만족시키기 위해 많은 상품군을 구비해야 하며

2. 마케팅 예산과 유통 마진을 잘 관리해야 하며

3. 경쟁사와 경쟁을 위한 지속적인 가격 조정 & 이벤트를 실시해야 합니다.

반면, 코스트코는 어떨까요?

실제로 가보면, 별로 살 것도 없습니다.

몸에 붙이는 파스며, 칫솔이며 세제며... 가짓수도 다양하지 않고 항상 벌크로 구매해야 하지요. 심지어 2대8 법칙을 정면으로 부정하고 있습니다.

그런데 왜 사람들은 연회비가 있는 멤버십 카드를 만들어서 코스트코를 이용할까요?

첫째. 가격이 쌉니다.

둘째, 가격이 더 싸지면 싸지지 오르지 않습니다.

셋째, 적어도 1~2개는 일상적으로 필요한 상품입니다.

예를 들어 칫솔 10개를 한번에 사면 적어도 1년은 더 이상 칫솔 구매를 안 해도 됩니다.

상품이 저렴해서 유통 마진이 적으면 적을수록 반대로 수익이 늘어나는 게 바로 코스트코의 특별한 비즈니스 구조입니다.

코스트코의 특별한 멤버십 비즈니스 모델

코스트코는 연회비가 수익입니다.

직원이 거의 없는 매장, 구매자들로 붐비는 계산대

심지어, 철저하게 2대 8 법칙의 2만을 진열해서 판매하는 역발상 전략을 취합니다. 마진을 거의 안 남기고 팔아 소비자는 물건을 가장 저렴하게 구매합니다. 코스트코는 멤버십 가입자가 많아지면 그 연회비가 바로 수익이 됩니다. 많아진 멤버십 가입자로 매출이 늘면 더욱더 가격을 내릴 수 있는 선순환 구조인 거지요.

마케팅도 필요 없고, 상품도 소품종 박리다매 전략이라 고객을 대응할 직원 등 마케팅, 서비스 비용(고정비,변동비)이 증가하지 않습니다. 난 매달 커피를 1kg은 먹으니까, 이걸 연간으로 계산하면 1년 연회비는 뽑겠군. 우리 애기 기저귀만 사도, 연회비가 아깝지 않아. 그렇기 때문에 사람들은 코스트코의 연회비를 아깝다고 생각하지 않습니다.

코스트코의 전략은 단 하나입니다.

출처 구글

마진을 최대한 줄이고 상품가격을 최대한 낮추자!

정말 대단한 비즈니스 전략 또는 역발상 아닐까요?

그래서 사람들은 차 트렁크에 한가득 실린 상품을 보며 만족스러워합니다.

코스트코의 유일한 고객 서비스는 아마 이것일 겁니다. 정말 저렴한 가격의 핫도그와 쿠키를 먹을 수 있어요. 넓은 매장을 혼자 누비며 다리품을 파는 고객을 위한 작은 기쁨이자, 여길 와야 하는 또 다른 이유지요. 이런 형태의 단순하지만 독특한 비즈니스는 다양한 분야에서 활용이 가능합니다.

PART 10 코스트코의 특별한 멤버십 비즈니스 모델

☑ 코스트코의 수익모델은 연회비를 결제한 멤버십 회원 및 연회비 가격이다.

☑ 가격이 저렴해야 연회비 회원이 늘어나는 구조이기 때문에 코스트코는 유통 마진이 적을 수록 매출과 수익이 늘어나는 독특한 구조이다.

☑ 2:8 법칙에 맞춰 구색을 맞추기 어려울 때, 바잉파워(buying Power: 기업의 구매력)가 뒷받침 될 때 활용 가능한 비즈니스 모델이다.

책 제목에 대한 고민이 참 많았습니다. '수학의 정석'처럼 포괄적인 제목으로 어필하자니 이 책을 첫 대면한 구독자들에게 어떤 내용을 담고 있는지 직관적으로 전달하기 어려울 것 같고, 너무 직관적으로 쓰자니 마케팅 기술서 같은 느낌을 지울 수 없었기 때문입니다. 결국, 둘 다 쓰기로 했습니다. 곧 《마케트릭스, 매출을 급상승시키는 시장 분석과 마케팅 전략》은 시장 분석 및 마케팅 포인트를 찾는 방법에 대한 기술서이자 마케팅의 기초를 잡아 주는 지침서이기도 하기 때문입니다.

시대가 변함에 따라 새로운 매체, 새로운 마케팅 기술이 나오고 그에 발맞추어 빠르게 마케팅 수법도 변화를 주어야 합니다. 그럼에도 불구하고 첫 단추를 잘 꿰어야 하듯 항상 기본기를 잘 다져 전략을 세우는 것은 건물의 머릿돌과 같이 든든한 마케팅의 기반이 됩니다. 시대가 원하는 마케팅 수법은 그 흐름에 맡게 변화를 줘 취하면 됩니다.

마케팅은 쉬운 듯하면서도 매우 어렵습니다. 사람이 만든 유, 무형의 무언가를 다른 사람에게 어필해야 하기 때문입니다. 그래서 커뮤니케이션을 위해 다양한 방면으로 준비하고 공부해야 합니다. 다만 한 가지 말씀드리고 싶은 것은 복잡한 문제일수록 단순화했을 때 해답을 얻을 수 있다는 진리입니다.

너무 많은 것을 한꺼번에 습득하고 실전에 적용하려면 갈 길이 멀고 험해짐을 느끼게 됩니다. 몇 가지 중요한 자신만의 마케팅 원칙, 철학을 세우고 하나씩 적용해 보며 성공하든 실패하든 그 결과물을 미래의 자양분으로 삼으면 됩니다. 실제로 필자도 실패를 통해서 얻은 결과물을 교훈 삼아 다음번에 적용하고 같은 실수를 하지 않으면서 조금씩 성과를 냈던 경험이 많습니다. 그 경험을 공유하고 싶었습니다.

기업에서 배운 마케팅과 실제 사업 현장에서 습득한 마케팅이 차이가 있음을 발견하고, 기업에서 배운 거시적인 방법과 실전에서 적용한 현실적인 방법을 조합해서 '마케트릭스'를 만들었습니다.

시대의 마케팅 흐름도 중요하고 시대가 요구하는 기술적인 지식도 필요합니다. 다만 변하지 않는 것이 있다면 바로 '지피지기백전백승 知彼知己百戰百勝'입니다. 아는 만큼 보이게 마련입니다.

부족하지만 《마케트릭스, 매출을 급상승시키는 시장 분석과 마케팅 전략》이 여러분의 일과 사업에 기반이 되고 도움을 주는 좋은 지침서가 되었으면 합니다. 뛰어난 두뇌와 지혜를 가진 대한민국 마케터들이 더욱 세상에 빛을 낼 수 있기를 응원합니다.

끝으로, 이 책을 세상에 나오게 해 주신 나의 주 되신 하나님과 건강한 사고로 책을 이끌고 다듬어 출판해 주신 '나비의 활주로' 나성원 대표께 감사드립니다.

부록

1.
마케팅 분석에 유용한 사이트 모음

2.
건강기능식품 마케트릭스(2021)

1. 마케팅 분석에 유용한 사이트 모음

카카오 데이터트렌드 (https://datatrend.kakao.com)

광고를 집행하기 전에 성별, 연령별 관심 분포도를 알기 위한 사이트, 카카오 데이터트렌드입니다. 키워드 검색을 통해 기간별, 성별, 연령별, 지역별 검색량을 참고할 수 있습니다.

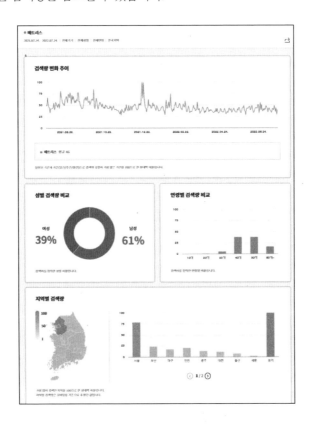

지역별, 카테고리별 클릭량(시즌 추이 분석)을 참고하기에 유용한 사이트입니다.

네이버 데이터랩(https://datalab.naver.com/)

네이버 데이터랩은 오프라인 사업을 하시는 분들에게 추천합니다. 쇼핑에서 키워드별 검색량이나 추이를 알아보는 것도 유용하지만 지역 데이터 또한 매우 유용합니다. 심지어 지역별, 카테고리별 카드사용금액도 나오고 특정 지역에서 오프라인 사업을 하시는 분들에게는 매우 유용한 정보를 제공합니다.

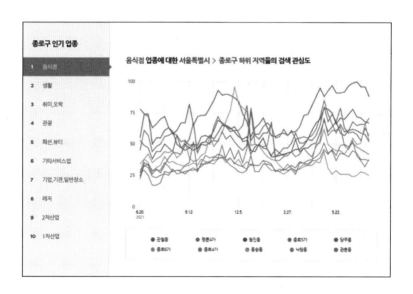

블랙키위(https://blackkiwi.net/)

블랙키위 사이트는 키워드의 검색 결과를 분석해 줍니다. 이렇게 좋은 검색 결과 분석 사이트가 있음에도 불구하고 책 초반에 검색 결과 보는 법을 설명하고, 정작 이 사이트는 책 마무리에서 소개하는 이유는 검색 결과를 아는 것보다 이를 해석하는 게 무엇보다 중요하기 때문입니다.

블랙키위는 해당 키워드를 성별, 연령별, 기간별, 요일별로 네이버 Naver, 구글Google을 구분해서 보여 줍니다. 연관키워드와 피시, 모바일 검색 비율도 보여 줍니다. 이렇게 고마운 사이트가 저희에게 공짜로 데이터를 제공해 주니 맘껏 활용하십시오.

그렇다면 어디에 활용할까요? 광고를 할 때, 요일별, 피시/모바일별, 성별 설정을 할 때 이 데이터는 매우 중요합니다. 더군다나 월별 검색 추이를 통해 성수기/비수기를 구분할 수 있어 더욱 유용합니다.

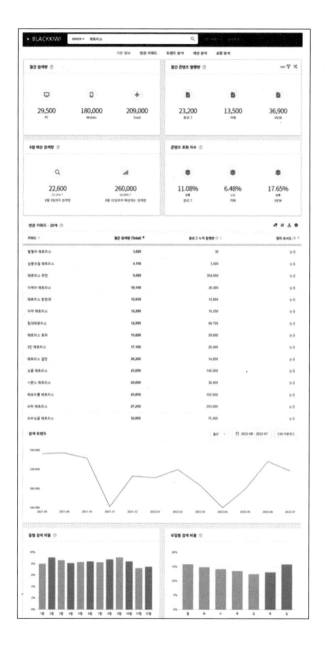

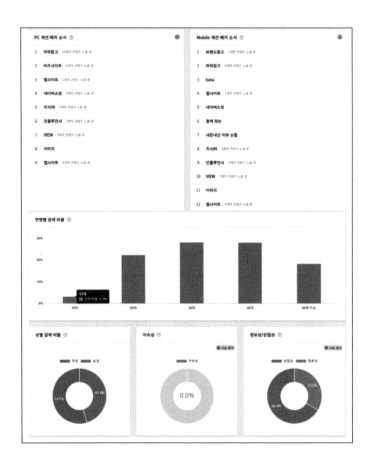

2. 건강기능식품 마케트릭스 (2021)

현재 건강식품 복용관련 Data

건강식품 복용

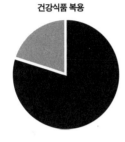

■ 먹는다 ■ 안 먹는다

직종 별 복용현황

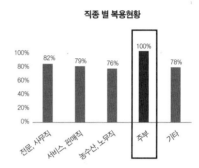

전문, 사무직 82% / 서비스, 판매직 79% / 농수산, 노무직 76% / 주부 100% / 기타 78%

지역 별 복용비율

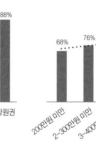

수도권 91% / 충청권 78% / 호남권 81% / 대경권 59% / 동남권 56% / 강원권 88%

가구 월 소득 별 복용현황

200만원 미만 68% / 2-300만원 미만 76% / 3-400만원 미만 85% / 4-500만원 미만 84% / 5-600만원 미만 85% / 600만원 이상 87%

연령대 별 복용현황

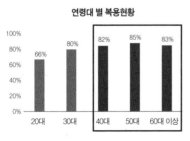

20대 66% / 30대 80% / 40대 82% / 50대 85% / 60대 이상 83%

가구수 별 복용현황

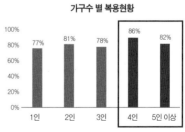

1인 77% / 2인 81% / 3인 78% / 4인 86% / 5인 이상 82%

건강식품을 먹는 이유

- 주로 피로 회복, 체력 저하 때문에 건강식품을 찾으며 여성의 경우, 미용 목적
- 40대의 경우 일부 자녀들의 학습능력 개선을 목적으로 건강식품을 찾음

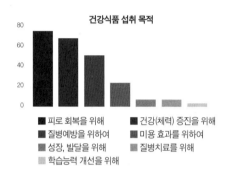

건강식품 섭취 목적

■ 피로 회복을 위해　　■ 건강(체력) 증진을 위해
■ 질병예방을 위하여　　■ 미용 효과를 위하여
■ 성장, 발달을 위해　　■ 질병치료를 위해
■ 학습능력 개선을 위해

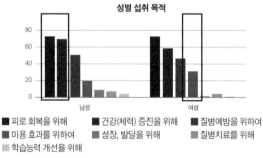

성별 섭취 목적

■ 피로 회복을 위해　　■ 건강(체력) 증진을 위해　　■ 질병예방을 위하여
■ 미용 효과를 위하여　　■ 성장, 발달을 위해　　■ 질병치료를 위해
■ 학습능력 개선을 위해

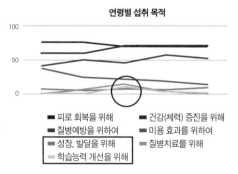

연령별 섭취 목적

■ 피로 회복을 위해　　■ 건강(체력) 증진을 위해
■ 질병예방을 위하여　　■ 미용 효과를 위하여
■ 성장, 발달을 위해　　■ 질병치료를 위해
■ 학습능력 개선을 위해

- 대체로 만족하나, 딱 하나 '맛'에 대해서는 상대적으로 불만족

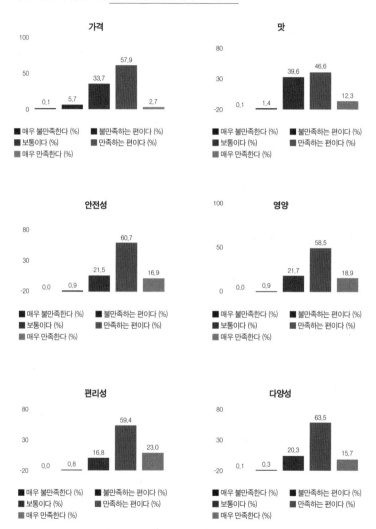

가격

매우 불만족한다 (%)	불만족하는 편이다 (%)
보통이다 (%)	만족하는 편이다 (%)
매우 만족한다 (%)	

0.1 5.7 33.7 57.9 2.7

맛

매우 불만족한다 (%)	불만족하는 편이다 (%)
보통이다 (%)	만족하는 편이다 (%)
매우 만족한다 (%)	

0.1 1.4 39.6 46.6 12.3

안전성

매우 불만족한다 (%)	불만족하는 편이다 (%)
보통이다 (%)	만족하는 편이다 (%)
매우 만족한다 (%)	

0.0 0.9 21.5 60.7 16.9

영양

매우 불만족한다 (%)	불만족하는 편이다 (%)
보통이다 (%)	만족하는 편이다 (%)
매우 만족한다 (%)	

0.0 0.9 21.7 58.5 18.9

편리성

매우 불만족한다 (%)	불만족하는 편이다 (%)
보통이다 (%)	만족하는 편이다 (%)
매우 만족한다 (%)	

0.0 0.8 16.8 59.4 23.0

다양성

매우 불만족한다 (%)	불만족하는 편이다 (%)
보통이다 (%)	만족하는 편이다 (%)
매우 만족한다 (%)	

0.1 0.3 20.3 63.5 15.7

• 비타민은 필수. 홍삼 및 발효제품 등으로 동양적 성분이 들어간 제품을 선호함

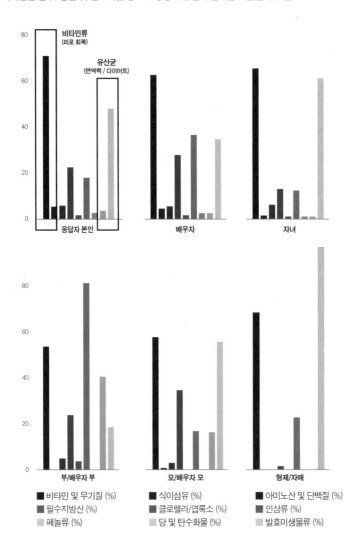

- 비타민 및 무기질 (%)
- 필수지방산 (%)
- 페놀류 (%)
- 식이섬유 (%)
- 클로렐라/엽록소 (%)
- 당 및 탄수화물 (%)
- 아미노산 및 단백질 (%)
- 인삼류 (%)
- 발효미생물류 (%)

1년간 건강기능식품 구입 지출액

- 한달에 평균 21,000원 정도 지출하며 **40~50대는 한달에 25,000원 정도 건강기능식품 구입에 지출함**
- 대경, 동남권 평균구매액이 높은 것으로 보아 **건강기능식품은 월 소득 수준과 밀접한 관계가 있음**

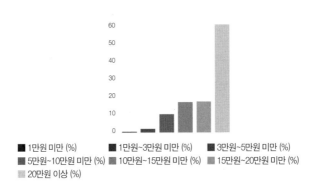

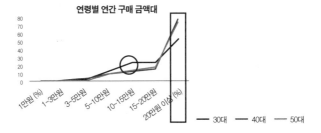

식품과 건강기능(영양제)의 선호도

- 건강기능 식품은 대부분 본인용으로(본인이 구매) **3.5개(한번에 3달치) 구매**하며 **식품보다는 영양제 형태의 제품을 선호**함(70%)

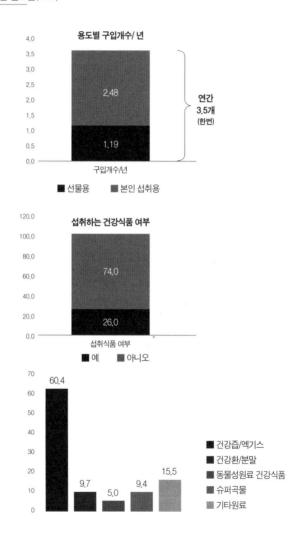

최근 1년간(2020년) 건강기능식품 구매변화

• 비타민/무기질 및 발효제품류가 현재도 앞으로도 계속 시장이 커질 것으로 예상함

구분	구입경험(%)		구입 변화 증감(%)	
	없음	있음		
비타민 및 무기질	21.1	78.9	3.28	
식이섬유	56.1	43.9	2.95	
아미노산 및 단백질	61.0	39.0	2.97	
필수지방산	47.2	52.8	3.14	오메가3
클로렐라/엽록소	66.2	33.8	2.89	
인삼류	43.6	56.4	3.01	
페놀류	67.1	32.9	2.92	
당 및 탄수화물	64.5	35.5	2.83	
발효미생물류	30.6	69.4	3.15	프로바이오틱스

- **최초 검토 시에는 브랜드/상표와 유통기한(제조일자)**을 중요시하나 막상 **구매 시에는 '제품(브랜드)'과 효능을 확인**하고 구매결정 (그 다음 유통기한 확인)
- 건강 기능식품 구매 시 고려(확인)사항

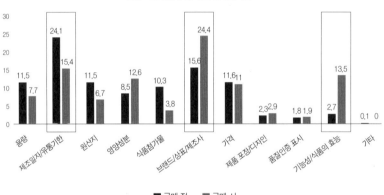

건강 기능식품 구매 시 고려(확인)사항

■ 구매 전   ■ 구매 시

건강기능 식품 구매 시 정보는 어디서?

- 가족, 친구 등의 지인 추천 및 제품 인지도에 영향을 받으며 커뮤니티(블로그, 카페 등) 추가로 정보를 획득함
- 여성 및 관리/전문/사무직이 인터넷을 통한 정보 획득 비율이 높음 (약 20%)
- 건강기능식품 관련 정보 획득처

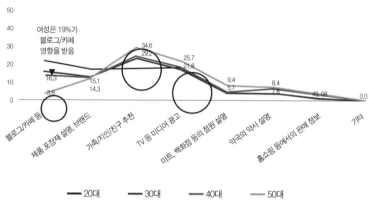

건강기능식품 관련 정보 획득처

건강기능 주요 구입처 및 구입처 이용 이유

- 인터넷, 마트, 약국 순으로 구매하며 주 이유는 믿을 수 있는 제품을 저렴하게 사기 위한 목적임.
- 단, 가격보다는 믿을 수 있는 제품(브랜드)이 우선적으로 고려되는 항목임
- **믿을 수 있는 제품(브랜드) 〉 가격**

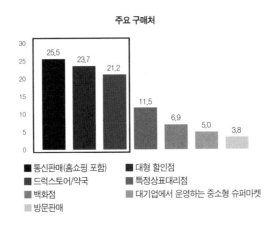

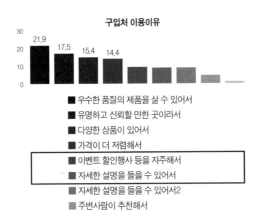

건강기능식품 구매관련 트렌드 (동조성 - 집단 사고 경향)

- 결국 가격보다는 좋은 원료, 안정성이 확보된 믿을 수 있는 제품을 구매해야 한다는 인식을 가지고 있으며 소포장으로 먹기 쉽고 맛있게 만들어 주는 걸 선호함(특히 여성)

건강 기능식품 소비 트렌드

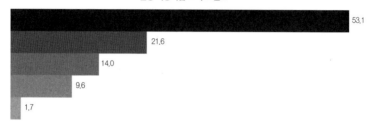

- ■ 가격이 비싸도 건강에 좋은 원료, 안전성이 확보된 제품을 구입하겠다
- ■ 가격이 비싸도 소포장, 사용 및 취식/조리가 간편화된 제품을 구입하겠다
- ■ 가격이 비싸도 다양하고 새로운 맛을 첨가한 제품을 구입하겠다
- ■ 가격이 비싸도 프리미엄(고급) 제품을 구입하겠다
- ■ 제품의 업그레이드/신제품 개발과 관계없이 가격만 저렴하면 구입하겠다

성별 소비 트렌드

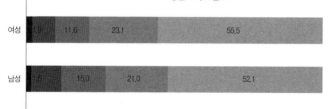

- ■ 제품의 업그레이드/신제품 개발과 관계없이 가격만 저렴하면 구입하겠다
- ■ 가격이 비싸도 프리미엄(고급) 제품을 구입하겠다
- ■ 가격이 비싸도 다양하고 새로운 맛을 첨가한 제품을 구입하겠다
- ■ 가격이 비싸도 소포장, 사용 및 취식/조리가 간편화된 제품을 구입하겠다
- ■ 가격이 비싸도 건강에 좋은 원료, 안전성이 확보된 제품을 구입하겠다

건강기능식품 구매 시 불편한 것은?

- 불편한 것들은 부가적인 요소로 '맛'과 '소용량 제품 구성'에 대한 니즈가 있으며 **한국인 체질에 맞지 않다는 인식**이 있음 (성분에 한방 종류가 들어가야 함)

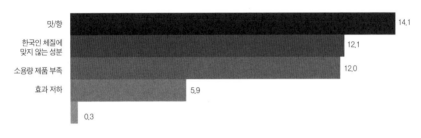

건강기능 식품 구매 시 불편한 요소

맛/향	14.1
한국인 체질에 맞지 않는 성분	12.1
소용량 제품 부족	12.0
효과 저하	5.9
	0.3

- ■ 맛, 향 등에 대한 거부감
- ■ 한국인 체질에 맞지 않는 일부 성능 및 제품
- ■ 소용량(1개월 미만 복용) 제품 부족
- ■ 수입산 건강기능식품에 비해 효과 저하
- ■ 기타

건강기능식품을 먹지 않는 이유

• 필요가 없어서(건강해서) 〉 품질에 대한 불신

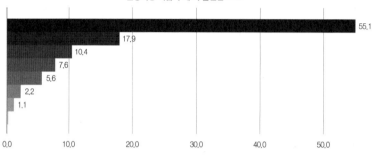

건강기능 식품 구매 시 불편한 요소

- ■ 필요를 느끼지 못해서
- ■ 품질(효과/효능)을 신뢰할 수 없어서 가격이 비싸서
- ■ 건강기능식품에 대한 정보가 부족해서
- ■ 안전성이 의심돼서
- ■ 형태가 먹기 불편해서
- ■ 주위에 파는 곳이 없어서
- ■ 기타

전체 시장 분석을 통한 인사이트

☑ 건강기능 식품은 수도권, 충청, 전라도 지역에서 많이 구매하며 기본적으로 타깃층의 소득 수준이 높다.

☑ 남성은 피로 회복, 여성은 피부미용 및 면역력(유산균)을 위해 건강식품 구매

☑ 건강기능식품은 '맛'을 잡으면 경쟁력이 있다.

☑ 한달에 건강기능식품으로 25,000원 가량 지출

☑ 일반적으로 3달치를 한 번에 구매하지만 한 달짜리 간편 포장식에 대한 니즈가 높다.

☑ 한국 사람은 한국적인 '발효제품'에 대한 선호도가 높다.

☑ 브랜드 인지도, 정확히 말하면 '믿을 수 있는 회사(제품)인가'가 구매에 가장 큰 영향을 미치고, 가족, 지인의 영향이 크며, 특히 여성은 인터넷을 통한 정보 획득이 많으므로 건강기능 식품 구매 및 확산을 위해서는 40대 여성의 인터넷 생태계를 공략해야 한다.

☑ 홈쇼핑, 인터넷, 마트, 약국에 유통하고, '홈쇼핑'은 브랜드 인지도를 위한 용도로도 우수한 채널이다.

☑ 좋은 원료를 사용하고(정확히는 좋은 원료를 썼다는 걸 마케팅으로 강조하고) 가격이 비싸면 안전하다고 생각한다.

☑ 1일 1팩 형태의 소포장은 필수

전체 시장 분석을 통한 전략 요약

좋은 발효성분(또는 한방)이 들어간

하루 한 팩 소용량, 한달 2만 원대 후반 패키지 형태의

맛 좋은, 피로 회복, 피부개선(부가기능 : 면역력) 영양제를

40대 여성을 중점 타깃으로 하여 마케팅하고 확산시켜야 한다.

추가로…

체내 흡수율을 마케팅 포인트로 삼는 '피부 관리' 등의 제품은

알약 형태가 아닌 **팩(가루) 형태**로 해야 한다.

그래서 맛이 중요하다

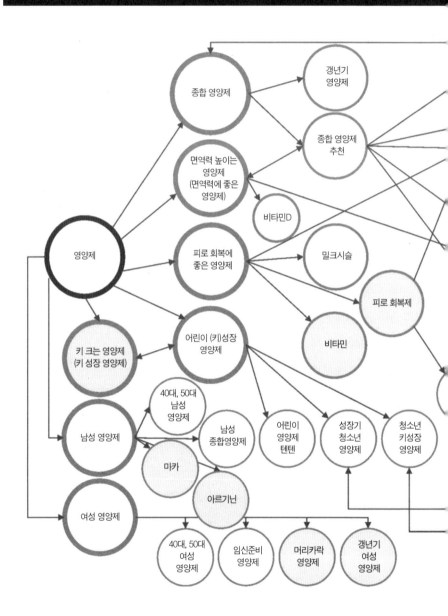

영양제,비타민 검색 결과 3 핵심 키워드

인터넷에서 정보 검색을 하면 결국 아래 제품으로 수렴이 된다

인터넷 검색 플로우에 따른 라이프타임 필요 영양제 구조

라이프타임에 따른 찾는 영양제

그리고... 맞춤 영양제는

맞춤 영양제의 현재 수요는 없으나 조금씩 여러 세대에서 증가 중이며 **여성들의 관심이 많음** 따라서 **40대 여성**을 중심으로 확산될 가능성이 높음

월별 검색수 추이(최근 1년)

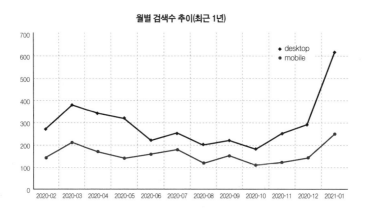

월간 검색수 사용자 통계(최근일 기준) / 성별(%)

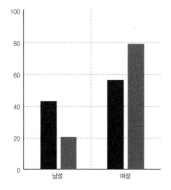

월간 검색수 사용자 통계(최근일 기준) / 나이대(%)

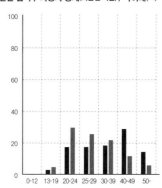

네이버 검색 분석을 통한 시장 니즈 분석

키워드	PC검색수	Mobile 검색수	카테고리	검색유저 특징
건강기능식품	7,950	9,240	막연한 건강챙기기	25세~40세가 검색
비타민	12,800	75,400	피로회복	30대가 가장 많이 검색함
영양제	6,860	31,000	막연한 건강챙기기	25세~40세가 검색
피로회복제	2,630	12,300	피로회복	20대 검색량이 매우 높고, 그다음 30대 (PC검색량이 매우 높음 - 사무,전문직)
만성피로 영양제	950	6,920	피로회복	20대 중후반 PC의 검색량이 매우 높음(사무직). 30~40대 남녀도 검색량 높은데 남성은 PC, 여성은 모바일 검색비중이 높음
프리 바이오틱스	11,600	106,600	변비,다이어트, 건강챙기기	여성 중심으로 30~50대 골고루 검색함 (계속 검색량 관심 확대중)
포스트 바이오틱스	26,500	151,100	변비,다이어트, 건강챙기기	남녀모두 3~50대 골고루 관심 폭증 중
프로 바이오틱스	11,000	55,100	변비,다이어트, 건강챙기기	20대 중반~30대후반 PC 검색량 높음. 전체적으로 3~40대가 주로 검색하나 전반적으로 관심이 떨어지는 추세
프로바이오틱스 유산균	14,100	163,300	변비,다이어트, 건강챙기기	남녀모두 3~50대 골고루 관심 폭증 중 (30대가 가장 많음)
종합비타민	11,700	94,500	막연한 건강챙기기	비타민 종류는 25세~39세가 가장 많이 찾음
남성건강기능 식품	220	750	막연한 건강챙기기	40~50대 남성의 관심이 높음 (연초에만 관심이 높음 / 1~3월)
여성갱년기 영양제	4,170	52,400	기력회복	40대 여성 (꾸준히 상승중)
양태반효능	630	14,000	기력회복	30대 남성, 50대이상의 여성의 검색이 높음. 30대 남성은 선물용. 50대 이상은 노화방지,기력회복을 위해 양태반 검색
남성영양제	530	2,070	피로회복	20~30대 남성 (남자라는 키워드는 4~50대, 남성이라는 키워드는 2~30대가 검색함)
종합비타민추천	2,430	19,500	막연한 건강챙기기	25세 이후로 골고루 검색
종합영양제	1,510	9,190	막연한 건강챙기기	3~40대 남녀노소

종합비타민	11,700	94,500	피로회복	25~30 중심이며 남자는 PC로 여자는 모바일로 검색
멀티비타민	6,550	43,800	피로회복	종합비타민과 비슷하나 멀티비타민은 PC 비중이 매우 높음
고지혈증좋은음식	2,400	36,200	비만,당뇨관리	여성은 모바일중심, 남성은 PC, Mobile 반반씩 검색하며 30,40,50대 모두 골고루 검색함
고혈압에 좋은음식	2,940	35,300	당뇨	30대이상 남녀 검색이 골고루 분포
남자정력 영양제	300	3,620	정력제	20~30대 남자가 엄청나게 많이 검색함
갱년기영양제	2,540	2,420	기력회복	PC,Mobile 검색비중이 비슷할 정도로 PC 검색율이 매우 높다. 20대가 PC로(부모님 선물용), 40대가 모바일로(본인이 먹으려고) 검색을 많이 함
남성정력제	510	3,880	정력제	25~50대까지 남성의 압도적인 검색
남자정력제	420	4,700	정력제	20대 이상 남자가 검색하나 남성정력제와 달리 4~50대의 검색량이 높음
마카	9940	54,500	정력제	30대 남성의 압도적인 관심
테아닌	2,800	10,600	스트레스	2~30대 남녀 검색 (스트레스 해소)
다이어트유산균	1,200	13,700	다이어트	3,40대 남녀 검색
히알루론산	7,170	47,900	피부관리	25~49세 여성
아로나민 골드	5,230	50,000	피로회복	30대이상 남녀노소 (3~50대 골고루 분포) / 비타민B
비맥스 메타	7,370	50,700	피로회복	25~49세까지 남녀노소 / 일반 의약품 / 비타민B 함량 최대
종합비타민	11,700	94,500	피로회복	25세~39세 남성이 많이 검색하며 3~50대 여성의 검색도 높음. / 피로회복제
비타민A	3,430	17,900	눈 건강	
비타민B	17,500	87,700	피로회복	25세~39세 남성이 많이 검색하며 3~50대 여성의 검색도 높음. / 피로회복제 (아르기닌이 추가되어야 함. 아르기닌은 양태반에 많이 들어있음)
비타민C	10,500	76,500	피부관리, 피로회복	

비타민D	32,400	222,000	면역력	30대가 가장 많이 찾으며 40대 여성의 검색도 높음 / 코로나 영향, 면역력 강화
비타민E	3,350	17,800	피부관리,탈모,다이어트	25세~39세 남성이 많이 검색하며 3~40대 여성의 검색도 높음. /항상화제 - 피부미용, 혈액순환과 관련있음(탈모)
콜라겐	30,100	266,100	피부관리	3~40대 관심이 있으나 은근히 남성의 관심도 높음. 여성의 50%정도 수준
저분자콜라겐	3,820	38,400	피부관리	콜라겐과 마찬가지로 3~40대 관심이 있으나 은근히 남성의 관심도 높음. 여성의 50%정도 수준
전지현콜라겐	2,380	32,600	피부관리	3~40대 여성 관심이 압도적임
남성용콜라겐	10	550	피부관리	최근에 모바일 중심으로 검색량 증가 추세 (3~50세)
남성콜라겐	130	880	피부관리	25~29세 PC검색(남녀모두), 40대의 검색양이 매우 높음 (30대도 높음) + 여성의 검색량이 거의 남성의 50% 수준
남자콜라겐	280	2,310	피부관리	30~40대가 검색을 많이하나 특이한 점은 여성의 거의 남성의 40% 수준으로 검색을 많이 함.
남자피부관리	970	4,160	피부관리	13세~39세까지 아주 골고루 분포. 은 중고등학생이 피부에 관심이 매우 많다. 여드름???
남자친구선물S	2,720	16,200		20대 여성의 압도적인 검색
맥주효모	7,580	55,100	탈모	남녀가 모두 검색하며 30대가 주로 검색함
맥주효모환	2,010	15,600	탈모	여성. 특히 30대의 니즈가 엄청 강함 / 냄새와 맛을 잡는게 키 포인트
비오틴	13,200	105,100	탈모	25~49세 엄청난 관심. 여성 니즈도 강함

네이버 검색 분석을 통한 핵심 카테고리 필터링 및 전략

피로회복제

- 시장규모가 현재, 미래 계속 성장 예상
- '피로회복'이라는 명확한 속성을 강조하고 자사만의 특별한 세일즈 포인트를 접목시키면 시장 안착 가능

피부관리 (갱년기)

- 남성 시장규모가 빠르게 성장 중
- 30~40대 여성을 위한 피부관리 제품에 남성전용 제품 출시- 콜라겐 + @ 가 필요함

탈모

- Big 3의 경쟁. 지금 한자리 남아있음
- 효모+발효+비타민B 결합한 형태 / 그냥 보리가 아닌 특별한 보리의 효모 + 비타민B 혼합제품의 컨셉제품

남성 정력제

- 20대 이상 모든 남자의 니즈
- 생약/ 한방 컨셉의 어프로치가 마케팅 포인트- 고함량 비타민E + 아연

카테고리	PC 검색 수	Mobile 검색 수	총 합	분석결과
건강 보조	93,870	640,280	734,150	30~40대 중심으로 시장이 형성되었으며 '장건강'을 통한 면역력 강화. 특정 기능에 대한 개별인증을 통한 마케팅 등 경쟁이 너무 치열함
피로 회복	87,460	594,390	681,850	시장규모, 성장력에 비해 상대적으로 경쟁성이 적음
피부 관리	58,710	487,200	545,910	30~40대 여성이 주 시장이나 남성 시장이 급속도로 상승 중. 남성 전용 콜라겐이 있으면 시장선점 가능
탈모	26,140	193,600	219,740	비오틴이 고함량 비타민B로 시장을 주도하고 있음. 여성의 니즈가 높은만큼 여성용, 한방느낌의 동양적인 컨셉의 어프로치가 필요함. 단 맛과 향을 잡아야 함
비만, 당뇨	5,340	71,500	76,840	오메가3로 사람들이 검색이 수렴됨. 오메가3로 마케팅을 강화해야 하는데 특별한 세일즈 포인트 찾기 힘듦
기력회복	7,340	68,820	76,160	여성 중심의 갱년기 영양제가 중심
다이어트	4,550	31,500	36,050	다이어트는 유산균, 식욕억제제 등으로 각각으로 검색해서 들어감
남성 정력제	11,170	66,700	77,870	20대 이상 남자 모두가 검색을 함. 효과도 중요하지만, 생약/한방 느낌으로 보양 느낌이 들어가는 접근이 필요
스트레스	2,800	10,600	13,400	정신건강 관련된 시장은 매우 적음

	광동마카 365	JW중외제약 마카 750	케이메이트	레스큐 H	아로나민 골드	비맥스 매타
형태	알약 (캔디류)	알약 (과,채 가공품)	알약 (캔디류)	알약 (건기식)	알약 (일반 의약품)	알약 (일반 의약품)
가격 1개월 가격	44,000원 / 1개월 **44,000원**	38,200원 / 3개월 **12,700원**	56,500원 / 1개월 **56,500원**	180,000원 / 2개월 **90,000원**	24,000원 / 2개월 **12,000원**	70,000원 / 4개월 **17,500원**
주원료	페루마카 아르기닌 아연	페루마카 아르기닌 산수유 마늘 복분자 비타민B 등	페루마카 산화아연 흑마늘 추출물 다시마분말	마그네슘 아연 셀레늄 아르기닌	활성비타민 B1,B2,B6, B12	고활성 비타민 B1,B12 비스벤티아민
특징 세일 즈포 인트	마카함량을 강조 - 하루 1,320mg (440mg X 3회/일) **마카, 아르기닌, 아연 함량을 강조**	브랜드력 마카, 아르기닌에 친숙한 천연재료 사용하고 강조	수용성 마카 추출물 및 **체내 흡수율 강조** 아연, 흑마늘, 다시마 등 남성들이 선호하는 원료를 강조	건강기능 식품 **식약처 인증 FDA승인 100% 미국산 원료 활성산소를 강조** (유해활성 산소 제거) 수소함량 1400ppb	브랜드 인지도 저렴한 가격	강력한 피로회복 **높은 흡수율**

주요 상품 분석 - 피부관리

	GNM 석류 콜라겐 스틱	더작 저분자 콜라겐	렛츠미 저분자 석류 콜라겐 젤리	닥터리브 저분자 콜라겐	청년곡창 몸모랑시 타트체리 콜라겐 젤리스틱	비비랩 전지현 저분자 콜라겐
형태	젤리 (기타가공품)	타블렛 (캔디류)	알약 (캔디류)	알약 (캔디류)	알약 (캔디류)	젤리 (기타가공품)
가격 1개월 가격	39,900원 / 60포 **19,950원**	27,000원 / 60알 **13,500원**	19,900원 / 90정 **6,600원**	28,700원 / 120정 **28,700원**	13,500원 / 14포 **28,900원**	34,500원 / 1개월 **34,500원**
주 원 료	석류 저분자피시 콜라겐 1,000mg	초 저분자 콜라겐 히알루론산	저분자 콜라겐 (중국산)	저분자 피시 콜라겐 갈락토올리고당 (체내 흡수율 돕는 물질) 히알루론산, 엘라스틴 (피부에 좋은 성분)	터키산 타트체리 (멜라토닌) 피시콜라겐	피시 콜라겐 히알루론산 엘라스틴 유산균
특징 세일 즈포 인트	석류와 콜라 겐을 한번에 터키산 유기 농 석류 **맛! 강조** 모델 : 이성경	대형마트, 백화점 입점 초 저분자 (300Da)로 **체내 흡수율 강조(8~90배)** 제품 안전성 (부형제 X 첨가물 X)	**초 저분자 (300Da)로 체내 흡수율 강조** 가성비 (대용량, 가격) 맛! (비린맛 없다)	**최소 분자량 189Da 콜라겐 히알루론산, 엘라스틴 등 성분,함량 강조** 고가임에도 평점이 매우 높음	터키산 타트체리 **맛**	고함량 피시콜라겐 **맛** 브랜 (뉴트리원) + 전지현

주요 상품 분석 - 탈모

	판토모나	닥터아돌 비오틴 L시스틴	뉴트리코어 비오틴	겟츠그램
형태	알약 (건강기능식품)	알약 (건강기능식품)	알약 (건강기능식품)	알약 (건강기능식품)
가격 1개월 가격	59,500원 / 240캡슐 **29,750원**	38,000원 / 2개월 **19,000원**	33,000원 / 60정 **16,500원**	19,000원 / 30정 **19,000원**
주원료	L 시스틴 비오틴 60,000 mcg 판토텐산 아미노산 10종 맥주효모 1g 콜라겐 히알루론산 등	비타민B12 셀렌 아연 맥주효모	비오틴 맥주효모 어성초, 검정콩, 다시마	프랑스산 비오틴비타민 검은콩 솔잎 어성초 자소엽
특징 세일 즈포 인트	온라인 매출1위 강조 비오틴 최적배합 높은 재구매율 강조 1일 772원 **온라인 판매 고수임**	건조효모 강조 부형제 X	대형마트, 백화점 입점 제품 안전성 (부형제 X,화학 첨가물X) **더작 콜라겐과 같은 온라인 유통사**(고수)	디자인이 이쁨 탈모샴푸와 세트구성 판매 **국내최초 비건인증** **가격이 싼데 고급스럽게 디자인 포지셔닝해서 신뢰를 줌**

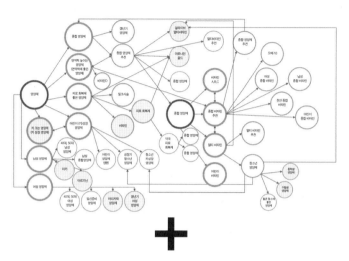

좋은 발효성분(또는 한방)이 들어간 하루 한 팩 소용량 한 달 2만 원대 후반 패키지 형태의 맛 좋은 피로회복, 피부개선 영양제를 40대 여성 을 중점 타깃으로 하여 마케팅하고 확산시켜야 한다.

피로회복제

- 시장규모가 현재, 미래 계속 성장 예상
- '피로회복'이라는 명확한 속성을 강조 하고 자사만의 특별한 세일즈 포인트 를 접목시키면 시장 안착 가능

피부관리(갱년기)

- 남성 시장규모가 빠르게 성장 중
- 30~40대 여성을 위한 피부관리 제품 에 남성전용 제품 출시- 콜라겐 + @ 가 필요함

탈모

- Big 3의 경쟁. 지금 한 자리 남아 있음
- 효모+발효+비타민B 결합한 형태 / 그 냥 보리가 아닌 특별한 보리의 효모 + 비타민B 혼합제품의 컨셉제품

남성 정력제

- 20대 이상 모든 남자의 니즈
- 생약/ 한방 컨셉의 어프로치가 마케팅 포인트- 고함량 비타민E + 아연

피로회복제

- 1안 : 천연(발효,한방) 비타민B가 대량으로 함유된 1일 1팩 건강기능 식품
- 2안 : 페루마카,아르기닌,아연이 다량 함유된 2만 원 후반~3만 원 초반대 체내흡수율이 좋은 알약 형태의 (캔디)제품
- 3안 : 비맥스 메타와 같은 비타민B함량 + 기타 발효 또는 한방물질에 가격은 조금 높게 (월 19,800원)

피부관리 (갱년기)

- 피부관리에 특화된 제품(브랜드) 전략
- 남성용과 여성용, 지성/건성으로 나눈 4가지 제품 출시
- 콜라겐 + @(성별/체질별)= 고가제품
- 흡수율이 99.99%라는 메시지가 중요함
- 여성용은 흡수율이 좋은 '천연 발효성분' 또는 한방성분이 들어가 면역력 강화에 도움이 된다는 내용이 중요
- 모델(이영애 급)을 활용한 홈쇼핑 공략

탈모

- 남성용, 여성용으로 옵션구분
- 맛이 좋아야 한다. (여성용 타깃 시) 효모+발효+비타민B 결합한 형태 / 그냥 보리가 아닌 특별한 보리의 효모 + 비타민B 혼합제품의 컨셉제품
- 1일 비타민B가 400mcg이면 더 좋음 고함량 비오틴? 특별한 비오틴으로 포장하는게 전략
- 약사가 만든, 전문적인, 고급스러운

남성 정력제

- 생약/ 한방 컨셉의 고함량 비타민E + 아연
- 페루마카,아르기닌,아연이 다량 함유된 2만 원 후반~3만 원 초반대 체내흡수율이 좋은 알약 형태의 (캔디)제품
- 남성도 체질(증상)별로 차별화해 라인업하면 좋음
- SNS 컨텐츠 개발, 광고스킬이 핵심

전문(전국 3,000개 약국제휴, 커뮤니티) + 한방 + 천연 + 세분화 ▶ 브랜딩

마케팅 전략, 마케트릭스

네이버 스마트스토어에 상위랭크 전략 (매출+트래픽)

전지현 비비랩 콜라겐과 유사한 전략

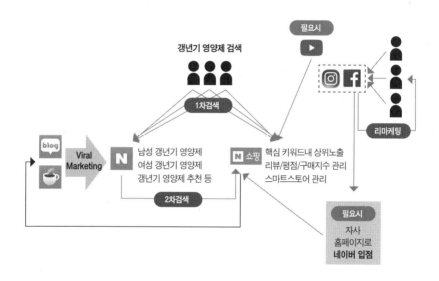

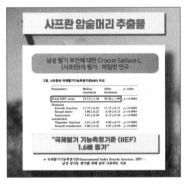

출처 각 제품 홈페이지

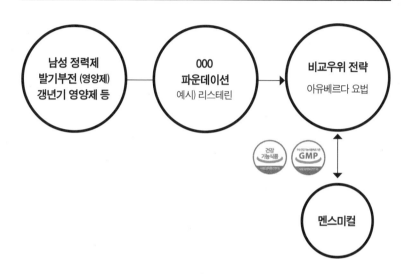

온라인 판매 진행 스케쥴

구분	3/8 월	3/9 화	3/10 수	3/11 목	3/12 금	3/13 토	3/14 일	3/15 월	3/16 화	3/17 수	3/18 목	3/19 금	3/20 토	3/21 일	3/22 월	3/23 화	3/24 수	3/25 목	3/26 금	3/27 토	3/28 일	3/29 월	3/30 화	3/31 수	4/1 목	4/2 금	4/3 토	4/4 일	4/5 월	4/6 화	4/7 수
계약체결			●																												
상품기획 협의 (성분, 효과 등)				▨	▨	▨	▨	▨	▨	▨	▨	▨	▨	▨																	
상품 확정 (가격, 성분, 타겟, 컨셉 등)															●																
브랜드 확정																	●														
제품 패키지 기획																		▨	▨	▨	▨										
제품 패지키 디자인																							▨	▨					●		
상세페이지 기획																							▨	▨							
상세페이지 디자인																															
홈페이지 기획 (필요시)																															
네이버 스마트스토어 개설 및 각종 쇼핑몰 판매자 등록																													▨	▨	
네이버 스마트스토어 셋팅																															
공식 SNS채널 개설																															
각종 쇼핑몰 상품 등록																															
판매 시작																															
SEO (블로그, 카페)작업																															
스마트스토어 허위구매 및 리뷰 작성																															
스마트스토어 순위올리기 (기술적 작업)																															
SNS광고																															
(필요시) 키워드 광고																															

4월1	4월12	4월13	4월14	4월15	4월16	4월17	4월18	4월19	4월20	4월21	4월22	4월23	4월24	4월25	4월26	4월27	4월28	4월29	4월30	5월1	5월2	5월3	5월4	5월5	5월6	5월7	5월8	5월9	5월10	5월11	5월12	5월13	5월14	5월15	5월16
월	화	수	목	금	토	일	월	화	수	목	금	토	일	월	화	수	목	금	토	일	월	화	수	목	금	토	일	월	화	수	목	금	토	일	

단계별 플랫폼 전략

1단계

인지도 올리기

- 브랜딩 전략
- 광고모델을 내세워 홈쇼핑 및 온라인 공격적 광고
- 마트 입점 추진

제품 매출
늘리기

2단계

자사 회원 유치

- 일반 제품 특가판매
- 회원가입 시 (코스트코 방식)회원가 판매
- 나에게 맞는 건강기능식품 판매
- 친구추천 시 추가 할인혜택
- 약국제휴 추진

고객
DATA 확보

3단계

O2O 플랫폼 전환

- 약국 온라인 플랫폼-회원전용(하드웨어+소프트 웨어)
- 약국에서 어플이나 '온라인 시스템'으로 Q&A를 통해 고객맞춤 데이터 획득. 결제는 약국에서 배송은 본사에서
- 온라인에서도 동일한 절차로 구매가능

고객
DATA 확보

4단계

공급 플랫폼 전환

- 원료, 시스템 공급
- 오프라인 원료 소 분 시스템 구축
  (소용량, 알약 형태로 알약 개수로 용량 조절)

마케팅 업계의 시각에서 본 시장 동향

여성 모델을 기반으로 '온라인 광고'에 집중하는 유사한 형태로 광고마케팅 진행

구분	브랜드	마케팅 진행사항
전통 브랜드	종근당 락토핏	TVC, 온라인 오프라인 등 전방위 마케팅 활발, 전통적 대형 마케팅 대행사를 통한 운영 중
	일동제약	종근당과 동일한 노선으로 마케팅 중
신흥 온라인 강자	뉴트리코어	바이럴 베이스와 페이스북 광고 주력
	바디닥터스	뉴트리코어의 자매 회사, 바이럴 기반
	뉴트리원 (비비랩)	전지현을 모델로 전지현 콜라겐 성공
	뉴트리 (에버콜라겐)	뉴트리원과 유사
	비에날씬	김희선을 모델로 뉴트리원과 유사한 운영
	셀티바	기존 홈쇼핑 기반에서 최근 온라인쪽으로 강화 중, 이지아 모델
	파이토뉴트리	바이럴 기반으로 성공한 대표 케이스, 바이럴에 확실한 강점을 보유. 마케팅 잘함

마케팅 업계의 시각에서 본 시장 동향

주요 제품군

프로바이오틱스	타트체리	오메가3
• 영유아 타겟의 프로바이오틱스 시장과 성인 프로바이오틱스 시장으로 양분 • 최근에는 기존 식약처 인증 효능인 장건강 외에 특정 기능성 유산균주를 통해 기능성유산균 시장이 형성되고 있음 (다이어트 유산균, 비염유산균, 여성질유산균) • 프로바이오틱스 시장에서는 크게 보장균수, 원료균 주사. 장까지의 흡수율 등에 대한 차별화를 마케팅 포인트로 활용하며 기성 제약회사의 강세가 두드러짐 (종근당 락토핏, 일동제약 지큐랩, 셀바이오틱스 듀오락) • 최근에는 신바이오틱스, 포스트바이오틱스 등의 부원료를 통한 마케팅 포인트를 강조한 시장형성, 기성브랜드 및 온라인 브랜드들의 치열한 각축전 상황	• 최근 홈쇼핑을 통해 부상하고 있는 품목, 타트체리의 항산화 효과 및 항염 효과 , 수면 유도 효과 등을 통해 마케팅이 이루어지고 있다.	• 오메가3는 가장 검증되고 안전한 건강기능식품이며 임상논문도 가장 많은 품목이다, 다만 오메가3는 원료가 100% 수입이기 때문에 국내 제품보다 해외 제품들과 직구 제품들이 강세. • 기본적으로 오메가3는 제조공법 차이 및 오메가3 핵심성분(dha, eta) 함량이 가장 중요하며 rtg폼, tg폼 .ff폼 등의 제조공법에 따른 차별화로 나뉨 • 최근에는 식물성 오메가3 ,레드오메가3 등의 차별화 포인트를 내세우기도 함 • 크릴오일이 작년 한 해 히트치며 오메가3와 비교대상이 되기도 했으나 최근 크릴오일에 대한 검증 부족 이슈로 다시 오메가3가 더욱 각광받고 있음
	콜라겐	
	• 가장 치열한 분야 중 하나 • 피부노화 및 피부 탄력에 대한 소구로 판매 • 흡수율 때문에 분자량이 적어야 한다, 저분자피쉬콜라겐 등 분자 크기가 작아 흡수가 높다는 점을 강력하게 소구함 • 최근에는 비슷한 니즈의 엘라스틴 제품군들도 강세	

주요 카테고리

여성 갱년기	남성 갱년기	그 외 항산화 제품
• 갱년기 기능성 인증 원료는 많지 않다.(달맞이꽃 종자 추출물,회화나무열매추출물, 홍삼, 석류 추출물 등) 해당 기능성원료를 통해 여성갱년기 효능을 강조 • 정관장 화애락을 필두로 다양한 제품군이 존재 ,전체적으로 고가의 가격대가 형성되어 있다.	• 브이맥스 같은 제품들이 TM을 통해 판매하고 있으며 남성정력을 강조한다. • 브이맥스는 원가대비 말도 안되게 비싸게 팔고 있지만 TM 방식이라 매년 엄청난 매출을 올리고 있음 • 온라인 판매군들은 이제 막 시작하고 있는 단계임	• 피크노제놀 등 홈쇼핑 출시 제품군들 중심의 시장 형성

주요 판매 채널

홈쇼핑	약국 및 오프라인	온라인
• 매출 볼륨으로 따지면 가장 높은 시장임, 홈쇼핑 전문 브랜드들만 다수 존재할 정도 • 건강기능식품의 홈쇼핑 시장은 상당히 강세임, 다만 작년부터 기존 홈쇼핑 매출이 줄어들면서 홈쇼핑 브랜드들이 속속 온라인 시장을 병행하고 있음. • 홈쇼핑은 기본적으로 PPL 광고의 지분이 가장 크며 홈쇼핑 라이브 시간대와 PPL 방송시간대를 맞추는 전략이 가장 일반적임	• 전통적 기성 브랜드 중심의 시장 형성, 오프라인 시장은 점점 줄어드는 추세이나 락토핏이 약국 외에 드럭스토어, 롯데마트 등의 할인마트에 입점하며 오프라인 시장을 늘려놓기는 했음	• 초기 온라인 건기식 시장은 단순하게 홈쇼핑 브랜드들의 후광효과용으로 마케팅이 사용되었으나 온라인 전문 브랜드들이 속속 출시하고 마케팅을 활발히 진행함에 따라 전통 기성 브랜드들도 온라인 마케팅을 시작하고 있음 • 최근 온라인 건기식 시장이 급속도로 성장함에 따라 온라인 광고 시장의 볼륨도 기하 급수적으로 커지고 있는 추세이며 대형업체들이 자본력으로 밀어붙이고 있어 신규업체나 중소업체들이 조금씩 힘들어지고 있는 추세임 • 10여 년 전의 온라인 화장품 시장과 비슷한 구도임

온라인으로 퍼뜨리는 기본 개념도

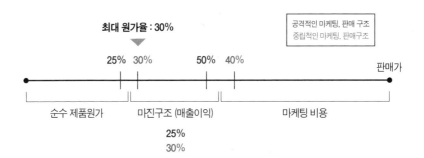

최대 원가율 : 30%

| 25% | 30% | | 50% | 40% | | 판매가 |

| 순수 제품원가 | 마진구조 (매출이익) | 마케팅 비용 |

공격적인 마케팅, 판매 구조
중립적인 마케팅, 판매구조

25%
30%

225

남성영양제, 남성정력제 예상 시뮬레이션

시뮬레이션

산정 기준 ⓐ	바이럴 마케팅 커버리지	203,340	마케팅을 진행하는 키워드의 총 검색량 / monthly
	일평균 UV	2,711	해당 키워드 검색자의 40%가 사이트 또는 네이버 스마트 스토어 방문 예상시

채널		구분	결과	비고
only 온라인	ⓑ	온라인 직접 구매 구매전환율(%)	4.80%	일반적으로 0.3%~0.8% 이고 바이럴을 통한 건기식의 경우 10%도 달성함
	ⓒ	온라인 직접구매 객단가	66,000	(28천원 × 평균 2개 구매시) + 패키기 구성으로 인한 10,000원 객단가
소계	ⓓ	월 예상매출	257,672,448	ⓐ×ⓑ×ⓒ×30일
		월 예상 매출이익	77,301,734	매출이익률 30%
약국	ⓔ	온라인 대비 약국 매출비중	83%	온라인 매출대비 약 80%정도 예상 (현재 건강기능식품 매출채널 비중)
소계 월 예상 매출이익		월 예상매출	213,868,132	ⓓ×ⓔ
		53,467,033	약국 마진 50% 제공 시	
총계 월 예상 매출이익		월 예상매출	471,540,580	
		130,768,767		

마케팅 비용

분류	마케팅 채널	주요 내용	마케팅 비용
브랜딩	팟캐스트	PPL & CM광고	12,000,000
	유튜브 익스트림광고	홍보영상 송출	5,000,000
	네이버 브랜딩 광고	네이버 검색결과 브랜딩 광고	5,000,000
광고	네이버 seo 바이럴	키워드별 블로그 상위노출	30,000,000
	네이버 seo 바이럴	키워드별 맘카페 바이럴 작업	10,000,000
	SNS	인스타 페북 스폰서 광고	9,000,000
	네이버 검색 쇼핑 광고	클릭초이스 및 쇼핑광고	6,000,000
	스마트스토어 상위작업	키워드별 쇼핑탭 상위노출 작업 및 구매평 작업	10,000,000
	구글gdn	창업카페 바이럴 활동, 맛집 바이럴 활동 (월 20건)	4,500,000
총계			**91,500,000**

남성영양제, 남성정력제 바이럴 커버리지

키워드	pc	m	총검색량
남자갱년기영양제	380	4,390	4,770
남성갱년기영양제	570	3,910	4,480
40대 남성 영양제	250	2,250	2,500
50대 남성 영양제	210	1,650	1,860
40대 남자 영양제	290	3,050	3,340
50대 남자 영양제	200	1,670	1,870
남성종합영양제	450	3,480	3,930
50대 아빠선물	590	3,990	4,580
남성갱년기증상	1,270	13,500	14,770
남성호르몬수치	360	3,010	3,370
남성호르몬보충제	730	5,970	6,700
정력영양제	250	1,810	2,060
테스토스테론 수치	210	800	1,010
전립선에 좋은 음식	1,000	12,700	13,700
발기부전 치료제	1,340	10,900	12,240
발기부전약	340	2,310	2,650
남자정력에 좋은 음식	860	12,000	12,860
마카효능	1,810	8,280	10,090
마카복용법	270	1,930	2,200
남자정력제	420	4,620	5,040
남자영양제	750	3,220	3,970
남성건강식품	230	1,220	1,450
피로회복제	2,650	12,400	15,050
만성피로영양제	940	7,030	7,970

면역력 높이는 영양제	1,110	1,090	2,200
남성영양제	540	2,030	2,570
50대영양제	410	3,030	3,440
60대영양제	350	3,440	3,790
피로회복영양제	660	3,280	3,940
피로에 좋은음식	80	670	750
피로회복에좋은영양제	40	200	240
종합영양제추천	330	3,830	4,160
면역력에 좋은 음식	1,450	22,500	23,950
면역력 높이는 음식	1,630	12,400	14,030
면역력에 좋은 영양제	180	1,730	1,910

미투 전략

우리에겐 3,000여 개의 약국체인과 교육 네트워크가 있습니다.

 VS

인지도   약사추천 & 동일효능 & 가성비

 VS

출처 각 제품 홈페이지

맞춤 영양제 온라인 사이트

- 기성제품과 본인에게 맞는 제품을 연결해 주는 방식
- 향후 Aimee 자체 영양제를 연결, 판매하는 방식으로 전개가 예상됨

- 몇가지 설문조사후 맞춤형 pilly 영양제를 판매하는 방식
- 정기배송
- 여러가지 항목을 선택했는데 '비타민D' 추천…등 단순한 방식으로 추천함

- 자가진단 후 기성제품 또는 자사제품을 추천
- 기성제품은 최저가 선언
- 전문 약사가 상담해줌 (w/ 카카오톡)

출처 각 제품 홈페이지

- 처음부터 뭔가 '설문, 자가진단' 하는 방식으로는 절대 성공할 수 없다. (진입장벽이 너무 높다!)
- 비타민D가 나한테 필요하다는 정보는 소비자도 이미 알고 있다.
- 정기배송이 왜 필요해? 오히려 정기배송이 부담감을 준다
- 몸 상태가 항상 같을까? 고객에게 맞춤서비스란 꾸준한 맞춤서비스 아닐까? 맞춤의 개념의 재정립이 필요

- 제품을 많이 팔아 유통마진을 챙겨야 하는 구조
- 마트에서 가격비교를 하는 고객
- 마일리지 제도
- 다양한 제품 전시

- 최대한 가격을 낮춰야 회사의 마진구조가 좋아지는 구조
- 매장에서 가격비교를 하지 않는 고객
- 그들만의 서비스 (즉석식품 코너 등)
- 가장 많이 찾는 제품 위주로 판매

탈모관련 맥주효모

더작 맥주효모환 140g		브랜드 카탈로그	
최저 21,980원 판매처 9		11번가	▲21,980
식품 > 건강식품 > 영양제 > 효모		서울금당스공식몰	22,000
		G마켓	22,250
리뷰 ★★★★★ 11,295 · 등록일 2020.10. · ♡ 찜하기 125 · ⚠ 정보 수정요청		옥션	22,380
		네오블당 N Pay▲	22,500

맥주효모에 한방성분을 좀더 추가해서 가루형태, 환 형태면 아주 좋음

인플레오 모스탄스 1865 그린믹스 맥주효모환 3g x 30개입		쇼핑몰별 최저가	
최저 24,900원 판매처 13		모스탄스 N Pay▲	▲24,900
식품 > 건강식품 > 영양제 > 효모		피엠마켓 N Pay▲	24,900
		롯데ON	24,900
리뷰 ★★★★★ 3,079 · 등록일 2020.06. · ♡ 찜하기 35 · ⚠ 정보 수정요청		ALLETS N Pay▲	59,000
		11번가	74,760

· 1개 24,900원 (1개당 24,900원) 4개
· 3개 59,000원 (1개당 19,666원) 5개
· 6개 132,000원 (1개당 22,000원) 1개

· 2개 49,800원 (1개당 24,900원) 1개
· 4개 92,000원 (1개당 23,000원) 1개
· 12개 253,000원 (1개당 21,083원) 1개

모환 - 모발관리 복합식품 해인서		해인서 정보	
ⓘ광고 78,000원		🏅 프리미엄 · 굿서비스	
식품 > 건강식품 > 영양제 > 효모		광고 N Pay▲ 포인트 2,340원	
리뷰 1,721 · 구매건수 1,637 · 등록일 2017.09. · ♡ 찜하기 617 · 🔒 신고하기		배송비 무료	
		할인 구매정보	

232

주요 제품 월 매출(e)

지엠이 프로바이오틱스 생 유산균 180mg x 30캡슐

최저 16,900원 판매처 130

식품 > 건강식품 > 영양제 > 프로바이오틱스

제품타입 : 캡슐 | 섭취방법 : 물과 함께 | 섭취대상 : 성인남녀 | 섭취횟수 : 하루 한 번
1일 총 섭취량 : 1캡슐 | 제품용량 : 1개월분 | 주요 기능성(식약처인증) : 장건강

리뷰 ★★★★★ 464 · 등록일 2020.11. · ♡ 찜하기 110 · ⚠ 정보 수정요청

브랜드 카탈로그	
지엠이 N Pay	↓16,900
11번가	19,230
옥션	19,880
초록물산 N Pay	21,600
G마켓	21,600

30캡슐 1개 기준으로 하루에 약 280개, 월 매출 1.4억 발생중

[비비랩] 전지현 히알루론산 3박스 3개월분 먹는 피부 건강 수분 보습 엘라스틴 아연 비타민

54,900원

식품 > 다이어트식품 > 히알루론산

제품타입 : 캡슐 | 섭취방법 : 물과 함께 | 섭취대상 : 성인남녀 | 섭취횟수 : 하루 한 번
1일 총 섭취량 : 1캡슐 | 제품용량 : 3개월분 | 주요 기능성(식약처인증) : 피부건강

리뷰 871 · 구매건수 1,037 · 등록일 2020.02. · ♡ 찜하기 498 · ⚠ 신고하기   💬 톡톡

뉴트리원공식... 정보
🏅 프리미엄 굿서비스
브랜드스토어
국내 N Pay 포인트 649원
배송비 무료 · 오늘출발
적립 쿠폰 할인 구매정보

하루에 약 370개, 월 매출 6.2억 발생 중

비맥스 매타

출처 제품 홈페이지

233

문헌에 기록되어 전해져 내려온
오자의 비율을 그대로 담아
한방성분 12가지를 더하여
이를 **왕자환**이라 칭했다

왕자환을 먹어야 하는 이유

**왕의 활력 오자와
12가지 한방성분 함유**
왕이 활력을 위해 먹던 오자를 문헌의 비율 그대로
남자에게 좋은 12가지 한방성분을 한번에

**고품질의 원재료를
화학첨가물 없이 그대로**
엄선하여 고른 고품질의 원재료와
찹쌀만을 사용하여 만들었습니다.

**엄격하게 관리되는
제조관리시스템**
인증받은 시설에서 철저하게 관리,제조되어
안심하고 드실 수 있습니다.

왕자환은 다릅니다!

왕자환은 왕들이 활력을 위해 먹던 오자를 문헌의
비율에 따라 그대로 담아내었습니다.

"어것은 구기자 9냥, 토사자 7냥, 복분자 5냥, 차전자 3냥, 오미자 1냥을
가루 내어 꿀로 벽오동씨 만하게 알약을 만든 것이다."

조선왕조의 비밀 '오자'

스틱포장으로 간편하게!

왕자환은 한 포씩 스틱포장 되어 있어
언제 어디서나 간편하게 섭취가 가능합니다.

안심하고 드세요

HACCP/ISO 인증받은 시설에서 제조되었으며
삼성화재 10억 배상책임보험에 가입되어 있습니다

⚠ 쾌락을 위해 **건강을 버리시나요?**

남성에게 좋은 제품을 아무거나 드신다면 위험할 수 있습니다

왕자환은 엄선된
국내산 자연원재료를 사용하여
안심하고 섭취하실 수 있습니다.

출처 왕자환 홈페이지

MARKE TRIX
마케트릭스

1판 1쇄 펴낸날 2023년 4월 26일

지은이 양승재

펴낸이 나성원
펴낸곳 나비의활주로

책임편집 박선주
디자인 BIG WAVE

주소 서울시 성북구 아리랑로19길 86
전화 070-7643-7272
팩스 02-6499-0595
전자우편 butterflyrun@naver.com
출판등록 제2010-000138호
상표등록 제40-1362154호
ISBN 979-11-90865-97-5 03320